Com a ajuda de DEUS

mais que VENCEDOR

PE. ALBERTO GAMBARINI

Com a ajuda de DEUS

mais que VENCEDOR

Ágape

Preparação de texto: *Fátima Cavallaro*
Revisão de texto: *Rosalina Siqueira*
Capa, projeto gráfico e diagramação: *Maurélio Barbosa*

ISBN: 978-85-86730-42-9

Caixa Postal 32
06850-970 – Itapecerica da Serra, SP
T 11 4666 3988 / 4666 3619
Home page: www.encontrocomcristo.org.br

Sumário

Introdução

A vida é uma jornada repleta de desafios, obstáculos e adversidades que, por vezes, podem parecer insuperáveis. Muitas vezes, nos deparamos com situações que nos fazem duvidar de nossa própria capacidade de enfrentá-las. No entanto, neste livro exploraremos um princípio fundamental que pode transformar nossa perspectiva e capacidade de lidar com todas as circunstâncias da vida: a confiança na ajuda de Deus.

A promessa de que, com a ajuda de Deus, podemos ser "mais do que vencedores" é uma das verdades mais poderosas encontradas nas Escrituras. Ela nos lembra que não estamos sozinhos em nossa jornada e que, quando confiamos em Deus e permitimos Sua orientação e intervenção em nossas vidas, não apenas superamos desafios, mas emergimos mais fortes e vitoriosos.

Neste livro, exploraremos como a presença e o poder de Deus podem nos capacitar a vencer as batalhas espirituais, emocionais e práticas que enfrentamos. Cada capítulo abordará princípios fundamentais e oferecerá orientações práticas para aplicar esses princípios em nossa vida cotidiana.

À medida que mergulhamos nas páginas deste livro, convido você a considerar sua própria jornada e desafios pessoais. Lembre-se de que, com a ajuda de Deus, você é mais do que um mero sobrevivente, você é um vencedor. Juntos, exploraremos como essa verdade pode se tornar uma realidade transformadora em sua vida, capacitando-o a enfrentar cada desafio com fé, coragem e confiança na ajuda de Deus.

Que esta jornada de descoberta e crescimento fortaleça sua fé e o inspire a viver uma vida de vitória com a ajuda daquele que é o nosso maior aliado e defensor: Deus.

PARA APROVEITAR MELHOR A SUA JORNADA ESPIRITUAL

À medida que você embarca nesta jornada de crescimento espiritual e superação de desafios, quero oferecer uma ferramenta valiosa para enriquecer sua experiência: um Diário Espiritual. Para isso, procure ter sempre um caderno à mão.

PROPÓSITO DO DIÁRIO ESPIRITUAL

O Diário Espiritual foi pensado para acompanhar a leitura deste livro e ajudá-lo a registrar as reflexões, orações e inspirações que você receberá de Deus durante a jornada. Não se preocupe em passar rapidamente de um capítulo para outro, pois cada capítulo apresentará uma nova oportunidade para você.

Refletir: Ao longo do capítulo, haverá momentos para reflexão sobre o conteúdo lido. Isso pode incluir perguntas, citações ou ideias-chave que o inspirarão a pensar mais profundamente sobre os princípios discutidos.

Orar: A oração é uma parte essencial da jornada espiritual. Aqui, você encontrará espaço para escrever suas próprias orações pessoais em resposta ao que leu e refletiu.

Registrar inspirações: À medida que você lê, pode receber revelações ou palavras de encorajamento de Deus. Este Diário Espiritual é o lugar para registrar essas inspirações valiosas.

Definir propósitos: Cada capítulo apresentará um propósito prático relacionado ao tema discutido. Você poderá anotar o propósito e, posteriormente, registrar os progressos e experiências relacionadas a ele.

A jornada espiritual é uma caminhada única para cada pessoa, e este Diário Espiritual é sugerido para tornar esta jornada mais significativa e pessoal. Que ele seja uma ferramenta preciosa em sua busca para se tornar mais do que vencedor com a ajuda de Deus.

1

Com a ajuda de Deus, começo o meu caminho em busca da cura do espírito, da alma e do corpo

O Senhor volta a sua face irritada contra os que fazem o mal, para apagar da terra a lembrança deles. Apenas clamaram os justos, o Senhor os atendeu e os livrou de todas as suas angústias.

Salmo 33, 17-18

MEDITAÇÃO

O Salmo 102, 2-3 é um hino de adoração e gratidão a Deus por Suas inumeráveis bênçãos e pela Sua natureza misericordiosa.

Nesses versículos, o salmista nos convida a louvar o Senhor de todo o coração e a lembrar de Suas bênçãos. Ele nos lembra que Deus é o perdoador de pecados e o curador de enfermidades.

Lembrar-se das bênçãos: Davi nos incentiva a lembrar das muitas bênçãos que Deus derrama sobre nós. Às vezes, nos concentramos nos desafios da vida e nos esquecemos de reconhecer as inúmeras maneiras pelas quais Deus nos abençoa.

Perdão divino: O versículo 3 destaca o aspecto do perdão divino. Deus é aquele que perdoa nossos pecados e transgressões quando nos voltamos para Ele com arrependimento. Isso nos lembra de Sua graça e misericórdia infinitas.

Cura divina: Além do perdão, o versículo também menciona a cura divina. Deus é retratado como Aquele que cura nossas enfermidades, sejam elas físicas, emocionais ou espirituais. Isso nos lembra do Seu poder de restauração.

ORAÇÃO

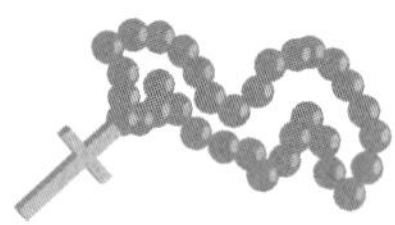

Querido Deus,

Hoje, venho diante de Ti com um coração grato e cheio de confiança. Quero declarar, com todo o meu ser, que nada, absolutamente nada, pode me afastar de Ti. Em meio às lutas, tentações e desafios da vida, eu escolho permanecer firme em minha fé e compromisso contigo.

Nada poderá nos separar, pois o Teu amor é mais forte do que qualquer força que possa surgir em meu caminho. Nenhuma dificuldade é grande demais, nenhum erro é irremediável e nenhum obstáculo é insuperável quando estou contigo, Jesus.

Reconheço que, em momentos de fraqueza, posso me sentir distante de Ti, mas sei que Tu estás perto, estendendo Tua mão para me levantar. Aceito o Teu perdão e a Tua graça, e prometo buscar Tua presença constantemente.

Que Teu Espírito Santo me guie, fortaleça e me lembre de que sou amado por Ti, independentemente das circunstâncias. Capacita-me a amar a Ti acima de tudo e a amar o meu próximo como a mim mesmo.

Que a Tua Palavra seja a luz em meu caminho, e que a comunhão contigo seja minha maior alegria. Ajuda-me a permanecer inabalável em minha fé, confiando que, em todos os momentos, és a minha âncora, meu refúgio e minha salvação. Em nome de Jesus.

Amém.

PROPÓSITO

Comece com uma oração sincera, convidando o Espírito Santo a guiá-lo neste processo de autoavaliação. Peça sabedoria, discernimento e revelação para identificar as áreas que necessitam de cura.

Exame emocional

Pergunte a si mesmo como se sente em relação a várias áreas de sua vida. Anote seus sentimentos, pensamentos e preocupações.

Identifique emoções negativas, como raiva, medo, tristeza ou ressentimento, que possam estar relacionadas a essas áreas.

Considere como essas feridas podem estar afetando suas escolhas, relacionamentos e bem-estar emocional.

Lembre-se de que o passado não define o seu futuro. A cura e a restauração estão em Deus. Não permita que os sentimentos negativos do passado nem problemas de qualquer ordem o dominem. Confie em Deus, entregue-Lhe as preocupações e dores, e permita que Ele lhe traga cura e restauração.

AFIRMAÇÃO DE FÉ

Declaro que, em momentos de aflição, eu clamo ao Senhor, confiando que Ele ouve a minha voz. Ele é o Deus que atende às minhas súplicas e não me abandona em minhas angústias. Com fé, sei que Ele é meu refúgio e fortaleza.
Amém.

2

Com a ajuda de Deus, serei renovado pelo Seu amor

Porque o amor de Deus foi derramado em nossos corações pelo Espírito Santo que nos foi dado.

Romanos 5, 5

MEDITAÇÃO

Nesse trecho inspirador da carta de Paulo aos Romanos, somos lembrados da imensidão do amor de Deus e da possibilidade de sermos preenchidos por esse amor. Deus não apenas nos ama, mas também nos capacita a amar. Ele não nos deixa dependentes de nossos próprios recursos para amar os outros, mas nos preenche com Seu próprio amor, que é incondicional e abundante.

O Espírito Santo desempenha papel vital nesse processo. É Ele quem habita em nós, capacitando-nos a experimentar e compartilhar o amor de Deus. O Espírito Santo é o agente da transformação interior, dispondo-nos a amar como Cristo nos amou. Paulo nos diz que é por meio do poder do Espírito Santo que o amor de Deus habita em nossos corações. É esse amor que nos capacita a compreender a vastidão do amor de Cristo, que é maior do que qualquer conhecimento humano.

Enfim, essa mensagem é um lembrete de que somos amados por Deus, que nos conhece intimamente. Não estamos sozinhos em nossas lutas e podemos confiar na direção e orientação do Espírito Santo.

ORAÇÃO

Querido Deus,

Hoje, venho diante de Ti com o coração aberto e ansioso por experimentar mais do Teu amor. Sei que é o Teu amor que preenche os vazios em nossas almas e nos dá força para viver de acordo com a Tua vontade. Peço que, com as Tuas gloriosas riquezas, fortaleças o íntimo do meu ser por meio do Teu Espírito Santo.

Permite, Senhor, que Cristo habite plenamente em meu coração pela fé. Que eu possa ser enraizado e alicerçado no Teu amor, que transcende todo entendimento humano. Ajuda-me a compreender, de forma mais profunda, a largura, o comprimento, a altura e a profundidade desse amor que é insondável.

Que o Teu amor, Senhor, seja uma fonte inesgotável de alegria, paz e compreensão em minha vida. Que ele me capacite a amar os outros da mesma maneira que Tu me amas. E, finalmente, que eu possa me preencher de toda a Tua plenitude, refletindo a Tua natureza amorosa em tudo o que faço. Em nome de Jesus.

Amém.

PROPÓSITO

Faça da oração ao Espírito Santo a sua primeira oração.

Nos próximos dias, reserve um tempo diário para meditar sobre o amor de Deus, derramado pelo Espírito Santo em seu coração.

Permita que o Espírito Santo o ilumine para reconhecer as áreas que precisam ser preenchidas pelo amor de Deus.

Busque oportunidades para demonstrar o amor de Deus aos outros por meio de ações concretas de bondade e compaixão.

Converse com Deus diariamente, pedindo para ser preenchido cada vez mais pelo Seu amor e para que esse amor transborde em sua vida e alcance as pessoas ao seu redor.

AFIRMAÇÃO DE FÉ

Declaro que o amor de Deus é derramado em meu coração pelo Espírito Santo. Esse amor divino me fortalece, renova minha esperança e me guia em todas as áreas de minha vida. Confio na abundância do amor de Deus, sabendo que ele é a força que me capacita a viver com fé e alegria.
Amém.

3

Com a ajuda de Deus, entregarei a Ele minhas feridas emocionais

Ele cura os que têm o coração ferido,
e cuida de suas chagas.

Salmo 146, 3

MEDITAÇÃO

A cura interior com Deus é um processo espiritual de restauração e renovação das feridas emocionais, traumas e cicatrizes que podem afetar nossa saúde mental e emocional. É uma jornada de cura que busca a reconciliação e a restauração da paz interior por meio da fé, da oração e da conexão com Deus.

Nesse processo, reconhecemos que todos enfrentamos desafios, traumas e dores ao longo da vida, que podem deixar cicatrizes profundas em nossa alma. Essas feridas emocionais podem afetar nossos relacionamentos, nossa autoestima e nossa qualidade de vida. A cura interior com Deus procura voltar-se para Ele como o Grande Curador e fonte de conforto.

A oração desempenha papel fundamental na cura interior. Ao orar, abrimos nossos corações a Deus, compartilhamos nossas dores e buscamos Sua orientação e força. Deus é visto como aquele que nos ouve, nos consola e nos guia para a aceitação, o perdão e a restauração.

A leitura das Escrituras também é fonte de inspiração e direção. As histórias de cura e redenção na Bíblia nos lembram do amor e da graça de Deus. Elas nos mostram que Ele é capaz de transformar nossas vidas e trazer cura para as feridas mais profundas.

Além disso, a participação na vida da Igreja, a ajuda de pessoas no ministério de cura interior e a leitura de livros cristãos sobre o tema desempenham papel importante. Compartilhar nossas lutas com outros irmãos na fé e receber apoio espiritual e emocional cria um ambiente de cura. Juntos, buscamos a presença de Deus e a Sua cura.

A cura interior com Deus não é um processo instantâneo, mas uma jornada contínua de crescimento espiritual e emocional. À medida que confiamos em Deus, entregamos nossas feridas a Ele e permitimos que Sua graça e amor atuem em nossas vidas. Assim, encontramos paz, restauração e um sentido renovado de propósito. É uma jornada que nos leva a uma vida mais equilibrada, a relacionamentos mais saudáveis e a uma maior conexão com Deus.

ORAÇÃO

Querido Deus,

Hoje, venho diante de Ti com um coração cheio de feridas emocionais e cicatrizes do passado. Reconheço que essas feridas têm me afetado de maneiras que às vezes são difíceis de compreender. Mas, Senhor, eu creio que Tu és o nosso grande médico, e é para Ti que trago essas feridas.

Por favor, Deus, cuida do meu coração ferido e das minhas feridas emocionais. Peço que, com Tua graça e amor infinitos, toques nessas áreas doloridas e as cure completamente. Preencha-me com Tua paz, alegria e amor, substituindo todas as mágoas e tristezas pelo Teu consolo.

Ajuda-me a confiar em Ti plenamente, sabendo que és o Deus que restaura e renova. Concede-me a coragem de perdoar aqueles que me feriram e de soltar as amarras do passado. Que o Teu amor preencha cada espaço vazio em meu coração. Em nome de Jesus.

Amém.

PROPÓSITO

Reflexão diária: Tire um tempo todos os dias para refletir sobre suas feridas emocionais. Identifique as áreas em que você ainda sente dor, raiva, tristeza ou ressentimento. Anote esses sentimentos em um diário.

Entregue a Deus: Após a reflexão, ore a Deus, entregando-Lhe suas feridas emocionais. Peça-Lhe para curar essas áreas feridas e substituir a dor pelo Seu amor e paz. Lembre-se de que você não está sozinho nesta jornada, Deus está com você.

Perdão: Se houver pessoas que causaram essas feridas emocionais, comece a orar pelo dom do perdão. O perdão não significa que você aprova o que aconteceu, mas permite que você liberte o poder que a dor tem sobre você.

Busque apoio: Considere, quando necessário, procurar aconselhamento de profissionais da área das emoções ou apoio de amigos e familiares confiáveis para ajudá-lo a lidar com as feridas emocionais.

Gratidão: À medida que Deus começa a curar suas feridas emocionais, mantenha um registro de gratidão. Anote as maneiras pelas quais você está experimentando a transformação e o amor de Deus em sua vida.

Lembre-se de que a jornada de cura emocional pode ser gradual, mas com a ajuda de Deus você pode encontrar paz e restauração.

AFIRMAÇÃO DE FÉ

Eu declaro a minha fé no Deus que cura. Entrego a Ele todas as áreas da minha vida que precisam de cura, seja emocional, espiritual, física ou mental. Confio que, com a ajuda de Deus, encontrarei cura e restauração.
Amém.

4

Com a ajuda de Deus, experimentarei a realização de Suas promessas na Palavra

Deus não é homem para mentir, nem alguém para se arrepender. Alguma vez prometeu sem cumprir? Por acaso falou e não executou?

Números 23, 19

MEDITAÇÃO

Essa passagem é uma poderosa fonte de encorajamento e confiança para todos nós. Ela nos assegura que Deus é absolutamente digno de confiança e que Suas promessas não são vazias. Ao meditarmos nisso, somos lembrados da constância do caráter divino.

As promessas de Deus são firmes e verdadeiras. Quando Ele fala, é certo que cumprirá o que prometeu. Isso nos convida a confiar plenamente, sabendo que Ele não falha.

Essa verdade também nos encoraja a perseverar na fé. Mesmo quando as circunstâncias parecem desfavoráveis, podemos confiar que Deus está trabalhando nos bastidores para cumprir Suas promessas em nossas vidas.

Além disso, isso nos incentiva a viver em gratidão e adoração, reconhecendo a fidelidade de Deus em nossa jornada espiritual. Podemos olhar para trás e ver como Ele tem cumprido Suas promessas em nossas vidas, fortalecendo assim nossa fé para o futuro.

ORAÇÃO

Querido Deus,

Hoje, venho diante de Ti com um coração cheio de gratidão por Tuas promessas fiéis. Reconheço, Senhor, que nem sempre é fácil confiar em promessas, especialmente em um mundo cheio de incertezas e decepções. No entanto, eu escolho depositar minha confiança em Ti, que és fiel e verdadeiro em todas as Suas promessas.

Ajuda-me, Senhor, a aprender a confiar plenamente em Tuas promessas. Que minha fé cresça e se fortaleça à medida que medito em Tua Palavra e em todas as promessas maravilhosas que ela contém. Dá-me a certeza de que, quando Tu fazes uma promessa, Tu a cumpres de maneira perfeita e no tempo certo.

Senhor, eu trago diante de Ti todas as áreas de minha vida em que preciso confiar mais em Tuas promessas. Seja nas áreas de saúde, relacionamentos, finanças ou propósito, peço que me ajudes a confiar plenamente em Ti e nas Tuas promessas.

Que, por meio de Teu Espírito Santo, eu possa experimentar uma fé inabalável em Ti, sabendo que Tu és digno de confiança e que sempre cumpres Tuas promessas. Ajuda-me a caminhar em obediência à Tua Palavra e a confiar que Tuas promessas se realizarão em minha vida. Em nome de Jesus, em quem todas as Tuas promessas são sim. Em nome de Jesus.

Amém.

PROPÓSITO

Estude as promessas de Deus: Dedique tempo diário para estudar a Bíblia e encontrar as promessas de Deus que se aplicam à sua vida. Anote-as e reflita sobre o significado delas em sua jornada.

Memorize versículos: Escolha alguns versículos que contenham promessas de Deus e memorize-os. Isso ajudará a fortalecer sua confiança nas promessas divinas.

Ore com fé: Ao orar, reivindique as promessas de Deus em sua vida. Ore com fé, acreditando que Ele cumprirá Suas promessas.

Ação de graças: Agradeça a Deus pelas promessas que Ele já cumpriu em sua vida. A gratidão fortalece nossa fé nas promessas futuras.

Medite sobre como você pode desenvolver a paciência e a fé enquanto espera em Suas promessas.

AFIRMAÇÃO DE FÉ

Creio firmemente na fidelidade de Deus, pois a Sua Palavra declara: Deus não é homem para mentir, nem alguém para se arrepender. Portanto, coloco minha confiança inabalável em Suas promessas, sabendo que Ele é fiel e cumprirá todas as Suas palavras em minha vida.
Amém.

5

Com a ajuda de Deus, deixarei que Ele me ensine a não ter medo

Nada temas, porque estou contigo;
não lances olhares desesperados, pois eu sou teu Deus;
eu te fortaleço e venho em teu socorro,
eu te amparo com minha destra vitoriosa.

Isaías 41, 10

MEDITAÇÃO

Em Isaías 41, 10 Deus fala diretamente conosco, dando-nos três promessas fortes:

"Nada temas, porque estou contigo": Deus nos assegura que Sua presença está conosco, independentemente das circunstâncias. Reconhecer Sua presença é o primeiro passo para vencer o medo.

"Eu te fortaleço": Quando enfrentamos o medo, Deus nos capacita com Sua força. Ele não nos deixa lutar sozinhos.

"Venho em teu socorro": Deus não apenas nos fortalece, mas também nos assiste em nossas batalhas e desafios. Ele é nosso aliado constante.

Vencer o medo com Deus é um processo que envolve confiança, fé e uma profunda conexão espiritual. O medo é uma emoção poderosa e, muitas vezes, paralisante. Pode nos impedir de alcançar o pleno potencial, desfrutar da vida e seguir o caminho que Deus tem para nós. No entanto, a fé em Deus pode ser a chave para superar esse medo.

É importante reconhecer que o medo é uma emoção natural, mas não deve controlar nossas vidas. A Bíblia nos lembra repetidamente para não temermos, pois Deus está conosco. Essa promessa divina nos dá esperança e coragem.

Vencer o medo com Deus não significa que nunca mais sentiremos isso, mas significa que não permitiremos que o medo nos controle. Em vez disso, confiamos em Deus, buscamos Sua orientação e força, e avançamos corajosamente, sabendo que Ele está conosco em cada passo da jornada. Com Deus, podemos superar nossos medos e abraçar a vida com fé e confiança.

ORAÇÃO

Querido Deus,

Hoje, venho diante de Ti reconhecendo que, muitas vezes, o medo se apodera do meu coração. Às vezes, o mundo ao meu redor parece assustador, e as circunstâncias da vida podem me deixar ansioso. No entanto, eu escolho confiar em Ti, que és o meu refúgio e minha fortaleza.

Ajuda-me, Senhor, a aprender a não temer. Ensina-me a confiar mais em Tua presença constante em minha vida. Quero depositar todas as minhas preocupações e medos diante de Ti, sabendo que Tu és meu Deus fiel e poderoso.

Fortalece-me, Senhor, quando me sinto fraco. Ajuda-me a lembrar deste versículo, Isaías 41, 10, sempre que o medo tentar me dominar. Que Tua paz, que excede todo entendimento, guarde meu coração e minha mente em Cristo Jesus.

Que com Tua ajuda eu possa enfrentar o futuro com confiança, sabendo que estás ao meu lado. Ajuda-me a não permitir que o medo me impeça de viver plenamente a vida que Tu tens para mim. Em nome de Jesus, nosso Redentor e Salvador.

Amém.

PROPÓSITO

Reserve um momento diário para meditar no versículo de Isaías 41,10. Repita-o em sua mente e permita que a promessa de Deus afaste os pensamentos de medo.

Aproprie-se da bênção de Deus em Is 41,10 e declare: "Não ficarei apavorado, porque Deus é meu protetor"; "Ele me dá força e ajuda necessária para superar o medo".

Registro de gratidão: Mantenha um diário de gratidão no qual você anota todas as maneiras pelas quais Deus o ajudou a superar o medo em sua vida.

Oração constante: Pratique a oração constante, conversando com Deus sobre seus medos e preocupações. Peça a Ele que lhe dê a paz que só Ele pode proporcionar.

Compartilhe: Compartilhe sua experiência com amigos ou familiares como a confiança em Deus o ajudou a enfrentar o medo. Sua história pode inspirar e encorajar outros.

Ação confiante: Tome medidas corajosas em sua vida, confiando que Deus está com você. Quando enfrentar situações que normalmente lhe causariam medo, lembre-se de que Ele é seu protetor.

AFIRMAÇÃO DE FÉ

Declaro que não temerei, pois o Senhor está comigo. Sua presença me dá coragem, Sua força me sustenta e Sua fidelidade é a minha segurança. Em Deus encontro paz e confiança. Amém.

6

Com a ajuda de Deus, vencerei minhas perdas

Que teu coração deposite toda a sua confiança
no Senhor! Não te firmes em tua própria sabedoria!
Sejam quais forem os teus caminhos,
pensa nele, e ele aplainará tuas sendas.

Provérbios 3, 5-6

MEDITAÇÃO

Hoje meditamos na importância de confiar plenamente em Deus, especialmente nos momentos de perda e dificuldade. É fácil confiar em nossa própria compreensão e força, mas a Palavra de Deus nos ensina a confiar Nele de todo o coração. Quando enfrentamos perdas, é natural sentirmos tristeza, confusão e até mesmo desespero. No entanto, Deus nos convida a deixá-lo guiar nossos passos, mesmo quando não entendemos completamente o motivo das perdas que enfrentamos.

Nossas perdas podem vir de várias formas — a perda de um ente querido, a perda de um emprego, a perda da saúde, a perda de um relacionamento. É nesses momentos que nossa fé é testada. Mas lembre-se sempre do versículo que diz que Deus endireitará nossos caminhos se O reconhecermos em todas as áreas de nossas vidas. Ele é o Deus que conforta os que choram, restaura o que foi perdido e guia aqueles que O buscam em meio à escuridão.

A confiança em Deus é o fundamento da nossa fé. Quando enfrentamos perdas, podemos confiar que Deus está no controle e que Seu plano é maior do que compreendemos. Em vez de depender inteiramente de nossa própria compreensão limitada, devemos reconhecer a sabedoria de Deus. Às vezes, nossos próprios planos e entendimento podem nos levar a decisões erradas.

ORAÇÃO

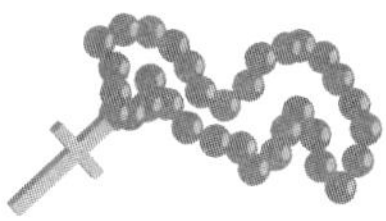

Querido Deus,

Hoje, reconhecemos a nossa dependência de Ti, especialmente nos momentos de perda. Sabemos que Tu és o nosso refúgio e força, um socorro presente nas tribulações. Pedimos que nos ajudes a confiar em Ti de todo coração, mesmo quando não compreendemos as razões por trás das perdas que enfrentamos.

Dá-nos a paz que excede todo entendimento, para que possamos encontrar consolo em Tua presença. Ajuda-nos a lembrar que Tu és o Deus que restaura, que faz todas as coisas cooperarem para o nosso bem. Guia-nos hoje e todos os dias, para que possamos seguir os caminhos retos que Tu tens preparado para nós. Em nome de Jesus.

Amém.

PROPÓSITO

Hoje, o propósito é entregar todas as suas perdas e preocupações a Deus. Dedique um tempo para refletir sobre as áreas em sua vida em que você tem enfrentado perdas ou dificuldades.

Ore a Deus, entregando essas situações em Suas mãos e confiando Nele para guiá-lo por meio delas. Lembre-se de reconhecê-Lo em todos os aspectos de sua vida e permita que Ele endireite seus caminhos.

Ao longo do dia, sempre que se sentir ansioso ou preocupado com suas perdas, recorra à oração e à confiança em Deus para encontrar paz e esperança.

AFIRMAÇÃO DE FÉ

Com fé inabalável, eu confio no Senhor de todo meu coração e não me apoio na minha própria compreensão. Minha confiança está firmemente ancorada em Deus, sabendo que Ele me guiará com sabedoria e amor.
Amém.

7

Com a ajuda de Deus, vencerei as batalhas da vida

O Senhor é minha luz e minha salvação, a quem temerei?
O Senhor é o protetor de minha vida,
de quem terei medo?

Salmo 26, 1

MEDITAÇÃO

Hoje, meditamos na certeza de que o Senhor é nossa luz, nossa salvação e nosso refúgio em todas as batalhas do dia a dia. A vida está repleta de desafios, lutas e adversidades, e muitas vezes nos sentimos sobrecarregados. Todos nós, em algum momento, nos deparamos com desafios pessoais, familiares, profissionais e espirituais. No entanto, a Palavra de Deus nos assegura que não estamos sozinhos nessa jornada.

É importante entender que as batalhas fazem parte de nossa existência. Elas podem se manifestar de diferentes formas, como problemas financeiros, conflitos familiares, pressões no trabalho ou tentações espirituais. Não estamos imunes a essas lutas.

O salmista nos desafia a exercitar nossa fé. Ela é a chave para vencer as batalhas da vida. Deus conhece nossas preocupações e está pronto para nos ajudar quando clamamos a Ele em oração. Não se trata de algo fácil, pois no momento em que enfrentamos batalhas, muitas vezes nos encontramos em trevas espirituais, emocionais ou mesmo físicas. Mas o salmo nos lembra que o Senhor é a nossa luz e salvação. Ele nos guia, ilumina nosso caminho, nos levanta de qualquer fundo de poço e nos dá discernimento para tomar decisões sábias. Quando permitimos que Deus seja a luz em nossas vidas, a escuridão das circunstâncias não pode nos derrotar.

Em meio às batalhas, nossa força pode falhar, mas o Senhor é a fortaleza da nossa vida. Ele nos dá a coragem e a resistência necessárias para permanecer firmes. Não importa quão intensa seja a tempestade dos problemas, quando construímos nossa vida sobre a Rocha, que é o Senhor, nosso alicerce espiritual é inabalável.

ORAÇÃO

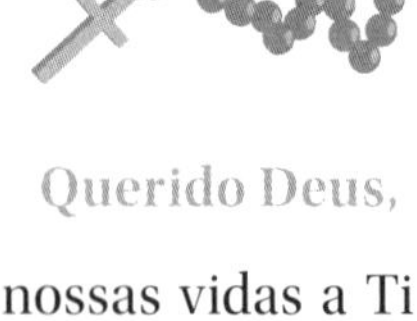

Querido Deus,

Hoje, rendemos nossas vidas a Ti e reconhecemos que Tu és nossa luz, nossa salvação e nosso refúgio. Pedimos Tua orientação e força para enfrentar as batalhas do dia a dia. Sabemos que, com Tua ajuda, não precisamos temer.

Dá-nos sabedoria para tomar decisões sábias, coragem para enfrentar desafios e confiança em Tua proteção. Que Tua presença esteja conosco em cada passo do caminho, guiando-nos e fortalecendo-nos. Em nome de Jesus.

Amém.

PROPÓSITO

Hoje, o propósito é viver conscientemente sob a orientação de Deus em todas as áreas de sua vida. À medida que você enfrenta as batalhas do dia a dia, lembre-se de consultar a Deus em suas decisões e buscar Sua sabedoria por meio da oração e da leitura da Palavra.

Esteja atento aos sinais de Sua orientação e confie que Ele está ao seu lado, mesmo nas lutas mais difíceis.

Além disso, pratique a gratidão ao longo do dia, agradecendo a Deus por Sua presença e proteção. Ao fazer isso, você fortalecerá sua fé e confiança em Deus como seu guia nas batalhas da vida.

AFIRMAÇÃO DE FÉ

Declaro que o Senhor é minha luz em meio às trevas, o meu Salvador em todas as circunstâncias. Não temerei, pois Ele é a minha segurança e minha força. Em Deus encontro refúgio e confiança.
Amém.

8

Com a ajuda de Deus, deixarei Deus assumir o controle da minha vida

Confia ao Senhor a tua sorte,
espera nele, e ele agirá.

Salmo 36, 5

MEDITAÇÃO

Hoje, meditamos nesse poderoso versículo que nos lembra da importância de entregar nossa vida a Deus e confiar Nele completamente. Muitas vezes, tentamos controlar cada aspecto de nossas vidas, preocupando-nos com o futuro e tomando decisões baseadas apenas em nossa própria sabedoria. No entanto, a Palavra de Deus nos ensina a entregar nosso caminho ao Senhor.

Quando entregamos nossa vida a Deus, estamos reconhecendo que Ele é o verdadeiro autor de nosso destino. Ele conhece nossos sonhos, desejos e necessidades melhor do que nós mesmos. É importante entender que entregar o controle da vida a Deus é uma jornada contínua de fé. Muitas vezes, não veremos imediatamente os resultados, e podemos enfrentar desafios, mas Deus está sempre conosco, moldando nosso caráter e guiando nossos passos.

Entregar a vida a Deus, esperar nele e crer que Ele agirá não significa que a resposta será sempre de acordo com nossas expectativas. Deus, em Sua sabedoria infinita, pode escolher responder da maneira que vai além de nossas compreensões limitadas. Portanto, quando enfrentamos situações em que as respostas de Deus parecem diferentes do que esperávamos, podemos lembrar dessa verdade reconfortante: Ele está agindo no nosso melhor interesse, e podemos confiar que Seu plano é perfeito, mesmo quando não compreendemos completamente. A nossa confiança em Deus deve ser inabalável, sabendo que Ele sempre responde com o melhor.

ORAÇÃO

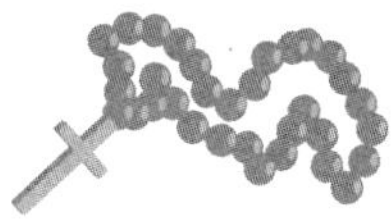

Querido Deus,

Hoje, com humildade e confiança, entregamos nossas vidas em Tuas mãos. Reconhecemos que Tu és o Senhor de tudo, o criador do céu e da terra, e que conheces nossos corações e nossas necessidades mais profundas. Pedimos que nos ajudes a soltar o controle e confiar em Ti.

Permita que Tua vontade seja feita em nossas vidas. Guia-nos, Senhor, para o caminho que tu tens preparado para nós. Ajuda-nos a confiar em Tua sabedoria e amor, mesmo quando as circunstâncias parecem incertas. Queremos viver de acordo com Teus planos e propósitos para nós. Em nome de Jesus.

Amém.

PROPÓSITO

O propósito de hoje é prático e transformador. Ao longo do dia, sempre que sentir a tentação de controlar as situações em sua vida, pare e entregue-as a Deus em oração.

Lembre-se do versículo do Salmo 36, 5 e confie que Ele assumirá o controle. Isso pode envolver decisões importantes, preocupações cotidianas ou qualquer área de sua vida em que você sinta que está tentando controlar demais.

Reserve um tempo para refletir sobre seus planos e sonhos. Peça a Deus para mostrar se eles estão alinhados com Sua vontade e, se não estiverem, esteja disposto a ajustá-los de acordo com Seus propósitos.

AFIRMAÇÃO DE FÉ

Com fé inabalável, entrego os meus caminhos ao Senhor e confio plenamente Nele. Creio que Ele agirá em minha vida, guiando meus passos, abrindo portas e cumprindo Suas promessas. Descanso na Sua fidelidade e no Seu amor constante. Amém.

9

Com a ajuda de Deus, vencerei a ansiedade

Não vos inquieteis com nada! Em todas as circunstâncias apresentai a Deus as vossas preocupações, mediante a oração, as súplicas e a ação de graças. E a paz de Deus, que excede toda a inteligência, haverá de guardar vossos corações e vossos pensamentos em Cristo Jesus.

Filipenses 4, 6-7

MEDITAÇÃO

Hoje, meditamos na promessa de Deus de que podemos entregar nossa ansiedade a Ele e receber Sua paz, que excede todo entendimento. A ansiedade é uma resposta natural do corpo e da mente a situações de estresse, perigo ou incerteza. Ela é uma emoção normal que todos nós experimentamos em algum momento. No entanto, quando a ansiedade se torna excessiva, persistente e interfere nas atividades diárias, pode ser considerada um transtorno de ansiedade.

Os sintomas comuns da ansiedade incluem preocupação excessiva, tensão muscular, inquietação, nervosismo, sudorese, tremores, palpitações, dificuldade em concentrar-se, irritabilidade, insônia e medos irracionais. Em casos graves, a ansiedade pode levar a ataques de pânico, onde a pessoa experimenta sintomas intensos, como batimentos cardíacos acelerados, falta de ar e sensação de que algo terrível está prestes a acontecer.

A ansiedade é um fardo pesado que muitos carregam, mas Deus nos convida a não nos preocupar, mas sim a orar, suplicar e agradecer a Ele em todas as situações.

Quando enfrentamos a ansiedade, muitas vezes tentamos controlar as questões do dia a dia por conta própria, mas Deus nos ensina a confiar Nele e a Lhe entregar nossas preocupações. Ele promete guardar nossos corações e mentes em Cristo Jesus, o que significa que Sua paz nos protegerá e nos guiará, mesmo nas circunstâncias mais difíceis.

ORAÇÃO

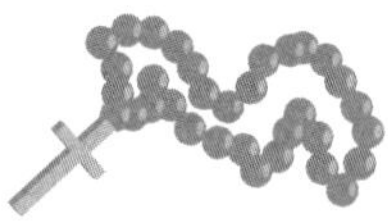

Querido Deus,

Hoje, reconhecemos nossa ansiedade e nossa tendência a nos preocupar com o futuro. Pedimos a Tua ajuda para deixar de lado nossas preocupações e entregar tudo a Ti. Confiando em Tua Palavra, sabemos que podemos trazer toda nossa ansiedade diante de Ti em oração.

Senhor, peço que nos concedas Tua paz, que excede todo entendimento. Guarda nossos corações e mentes em Cristo Jesus para que possamos enfrentar a ansiedade com fé e confiança em Tua soberania. Ajuda-nos a lembrar que Tu estás no controle de todas as coisas, e que podemos confiar em Ti para nos guiar e nos fortalecer. Em nome de Jesus.

Amém.

PROPÓSITO

Reconhecimento da ansiedade: Tire um momento para identificar e nomear as áreas de sua vida em que a ansiedade está presente. Pode ser relacionada ao trabalho, relacionamentos, saúde, finanças, entre outras.

Entrega e confiança em Deus: Entregue conscientemente essas preocupações a Deus em oração. Confie que Ele está no controle e que Seu amor e cuidado são maiores do que qualquer ansiedade que você possa sentir.

Estudo da Palavra de Deus: Dedique tempo diariamente para ler e meditar nas Escrituras. Busque passagens que falam sobre a paz de Deus, confiança Nele e libertação da ansiedade (Mateus 6, 25-34; João 14, 27; 1 Pedro 5, 7).

Prática da oração e ação de graças: Cultive um hábito regular de oração. Além de apresentar seus pedidos a Deus, pratique ação de graças, agradecendo-Lhe por Sua fidelidade e promessas de paz.

Estabelecimento de uma rotina de descanso e cuidado pessoal: Priorize o sono adequado, uma alimentação equilibrada e exercícios físicos regulares. Cuidar do corpo também contribui para o equilíbrio emocional.

Busca de ajuda profissional, se necessário: Não hesite em procurar a ajuda de um profissional de saúde mental ou terapeuta se a ansiedade estiver impactando significativamente sua qualidade de vida.

Persistência na fé e na confiança: Lembre-se de que a jornada de cura pode ser gradual. Continue confiando em Deus e buscando Sua paz, mesmo nos momentos de desafio.

AFIRMAÇÃO DE FÉ

Creio que a paz de Deus, que excede todo entendimento, guardará meu coração e minha mente em Cristo Jesus. Em meio às incertezas da vida, encontro tranquilidade na Sua presença.
Amém.

10

Com a ajuda de Deus, não esconderei minhas fraquezas ou imperfeições e avançarei na vida.

Mas, para que a grandeza das revelações não me levasse ao orgulho, foi-me dado um espinho na carne, um anjo de Satanás para me esbofetear e me livrar do perigo da vaidade. Três vezes roguei ao Senhor que o apartasse de mim. Mas ele me disse: "Basta-te minha graça, porque é na fraqueza que se revela totalmente a minha força". Portanto, prefiro gloriar-me das minhas fraquezas, para que habite em mim a força de Cristo.

2 Cor 12, 7-9

MEDITAÇÃO

Hoje, meditamos na necessidade de reconhecer as fraquezas e imperfeições e buscar a misericórdia de Deus para avançar em nossas vidas. Todos nós cometemos erros e pecamos de alguma forma. Tentar esconder ou negar nossas fraquezas e imperfeições apenas nos afasta de Deus e nos impede de crescer espiritualmente.

Quando reconhecemos nossas próprias fraquezas e limitações, estamos mais abertos a depender de Deus e a experimentar a Sua força em nossa vida. É uma lembrança de que não precisamos confiar apenas em nossa própria capacidade, mas podemos confiar na graça e no poder de Deus para nos fortalecer e nos guiar.

Deus não apenas nos ajuda em nossas fraquezas e imperfeições, mas Seu poder se aperfeiçoa nelas. Isso significa que Ele usa nossas limitações e desafios para mostrar Sua glória e capacitar-nos de maneiras que não seriam possíveis por nossos próprios esforços.

O testemunho de São Paulo, ao falar da luta espiritual com o espinho na carne, é uma expressão de humildade e confiança em Deus. Aí está o segredo da santidade, reconhecer que a verdadeira força não está em nossa autossuficiência, mas em nossa dependência de Deus. Quando nos achamos fracos, podemos encontrar força e coragem na presença e no poder divino, e isso nos permite enfrentar desafios e adversidades com fé e esperança.

ORAÇÃO

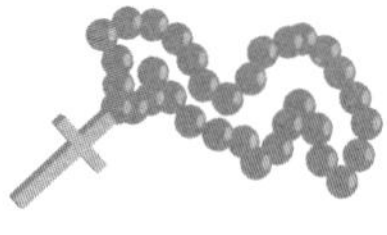

Querido Deus,

Venho diante de Ti neste momento, reconhecendo minhas fraquezas e imperfeições. Sei que, por vezes, me sinto fraco e incapaz de superar os desafios da vida. No entanto, também sei que Tua graça é suficiente para mim, como Tua Palavra nos ensina.

Peço-Te, Senhor, que olhes para as áreas da minha vida onde me sinto fraco e quebrantado. Sei que Tua graça é capaz de operar milagres de cura e transformação.

Senhor, ajuda-me a confiar mais em Ti e menos em minhas próprias forças. Capacita-me a reconhecer minhas imperfeições sem vergonha, sabendo que és Tu quem restaura, renova e faz com que todas as coisas se tornem novas.

Que Tua graça flua em minha vida, enchendo-me de Tua força e amor. Que eu possa encontrar coragem em minhas fraquezas, sabendo que é quando sou fraco que sou forte pela Tua graça.

Senhor, cura minhas imperfeições e transforma minhas fraquezas em testemunhos de Tua misericórdia e poder. Que a Tua luz brilhe através das brechas da minha vida, para que outros possam ver a Tua obra em mim.

Agradeço-Te, Deus, por Tua graça inabalável e amor incondicional. Confio em Ti para me curar e me tornar uma pessoa melhor a cada dia. Em nome de Jesus.

Amém.

PROPÓSITO

Autoexame: Identifique áreas específicas onde estão suas fraquezas e imperfeições. Tome a decisão de mudar sua perspectiva sobre as fraquezas e imperfeições.

Ato de arrependimento: Arrependimento significa uma mudança genuína de mente e coração, acompanhada do desejo de não ver suas fraquezas e imperfeições como obstáculos insuperáveis, mas como oportunidade para experimentar a manifestação da força de Deus.

AFIRMAÇÃO DE FÉ

Reconheço que, mesmo em minhas fraquezas e imperfeições, a graça de Deus é suficiente para mim. Pois quando sou fraco, então sou forte pela graça de Deus. Descanso na Sua promessa de que o Seu poder se aperfeiçoa na minha fraqueza.
Amém.

11

Com a ajuda de Deus, viverei a verdadeira alegria

Vós me ensinareis o caminho da vida, há abundância de alegria junto de vós, e delícias eternas à vossa direita.

Salmo 15, 11

MEDITAÇÃO

Nesse Salmo, o salmista expressa sua confiança na presença de Deus como a fonte suprema de alegria. Ele reconhece que, na presença de Deus, há plenitude de alegria e prazer eterno. Essas palavras nos lembram que, quando vivemos em comunhão com Deus, podemos experimentar uma alegria que transcende as circunstâncias e não é temporária.

A verdadeira alegria não depende das coisas que possuímos, do nosso sucesso ou das situações ao nosso redor. Ela está enraizada na presença de Deus em nossas vidas. Quando fazemos de Deus o centro de nossa existência, encontramos a alegria que perdura, independentemente das lutas que enfrentamos.

A alegria também é um fruto do Espírito Santo: "o fruto do Espírito é caridade, alegria, paz, paciência, afabilidade, bondade, fidelidade, brandura, temperança." (Gl 5, 22-23). Isso significa que, quando uma pessoa está repleta do Espírito Santo, ela experimenta a manifestação e a presença da alegria em sua vida. Essa alegria não é apenas um sentimento passageiro de felicidade, mas uma qualidade profunda e duradoura que ultrapassa as circunstâncias externas.

ORAÇÃO

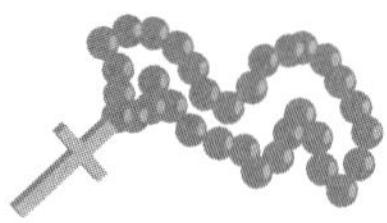

Querido Deus,

Agradecemos por seres a fonte de verdadeira alegria em nossas vidas. Reconhecemos que muitas vezes buscamos alegria em coisas passageiras e superficiais, quando a alegria verdadeira só pode ser encontrada em Tua presença. Pedimos que nos ajudes a viver de acordo com essa verdade, priorizando nossa relação contigo acima de tudo.

Que a Tua alegria plena preencha nossos corações e nos capacite a enfrentar as dificuldades da vida com fé e esperança. Ajuda-nos a lembrar que, mesmo nos momentos mais sombrios, podemos encontrar alegria em Tua presença. Que a nossa vida seja um reflexo da Tua alegria para aqueles ao nosso redor.

Concede-nos a sabedoria e a graça para permanecer firmes em Ti, mesmo quando a alegria parece fugir. Em nome de Jesus.

Amém.

PROPÓSITO

Pratique a gratidão: Todos os dias agradeça a Deus pelas bênçãos e pelas pequenas alegrias da vida. A gratidão abre o coração para a alegria. Mesmo diante de situações difíceis, tenha a coragem de dizer: "Eu Te agradeço porque estais comigo".

Liberte-se da negatividade: Evite a negatividade e a reclamação. Em vez disso, escolha olhar para o lado positivo das situações e confiar que Deus está no controle. Examine seus pensamentos: são mais confiantes ou negativos?

Renove seus pensamentos: Substitua os pensamentos negativos por pensamentos realistas e positivos. Por exemplo, se você pensa: "Eu nunca vou conseguir", substitua por "Eu enfrentei desafios antes e posso agora superá-los com o auxílio de Deus e com minha decisão."; "Tudo posso Naquele que me fortalece."; "Quem me separará do amor de Cristo? Ninguém, nada, porque Nele sou mais do que vencedor." E muitos mais outros.

AFIRMAÇÃO DE FÉ

Declaro que na presença do Senhor há plenitude de alegria. Em Sua companhia encontro a verdadeira alegria que preenche meu coração e ilumina meu caminho. Confio que Deus me guiará para uma vida de alegria duradoura, fruto do Espírito Santo.
Amém.

12

Com a ajuda de Deus, vencerei a tristeza

O Senhor está perto dos contritos de coração
e salva os que têm o espírito abatido.

Salmo 33, 19

MEDITAÇÃO

O Salmo 33, 19 nos assegura que, quando estamos tristes e com o coração quebrantado, Deus está próximo e disposto a nos socorrer. Ele entende e aceita nossas emoções, mesmo as mais dolorosas. A tristeza faz parte da experiência humana, mas não precisamos enfrentá-la sozinhos. Deus nos oferece conforto, paz e esperança, mesmo nos momentos mais sombrios.

É importante lembrar que não é errado ou pecado sentir tristeza. Os heróis da Bíblia, incluindo o próprio Jesus, e os santos nos altares, também experimentaram a tristeza. No entanto, podemos encontrar consolo em Deus, confiando que Ele quer transformar nossa tristeza em alegria. Ele conhece nossos corações e nossas dores mais profundas, e Sua presença é uma fonte de conforto e cura.

O caminho de cura da tristeza está em não reprimir ou esconder nossos sentimentos de dor. É necessário primeiro reconhecer a tristeza, seja qual for a sua causa (erros pessoais, doença, crise familiar, decepção com pessoas, morte, questões financeiras). O passo seguinte é dizer para Deus: estou triste, ferido, magoado... aí Deus começa o processo de cura. Para cada pessoa existe o tempo de Deus, para alguns será mais curto, para outros, mais longo. O importante é manter viva a certeza de que Deus está perto e salva os que têm o espírito abatido.

O salmista nos ensina o segredo de como enfrentava as suas tristezas, confiando em Deus, entregando a Ele seus sentimentos. Quem experimenta os cuidados amorosos de Deus não pode desperdiçar a chance de compartilhar a sua experiência de como lidar com a tristeza.

ORAÇÃO

Querido Deus,

Reconhecemos que a tristeza é uma parte inevitável da vida, e às vezes nossos corações se sentem quebrantados e oprimidos. Mas, graças a Ti sabemos que não estamos sozinhos nesses momentos difíceis. Tu estás sempre perto dos que têm o coração entristecido.

Pedimos que nos concedas Tua paz e consolo neste momento de tristeza que estamos enfrentando (ou pelo qual estamos passando). Ajuda-nos a encontrar esperança em Tua presença e a confiar que Tu és capaz de transformar nossa tristeza em alegria.

Dá-nos força para continuar, sabendo que Tu estás conosco a cada passo do caminho. Que nossa tristeza nos leve a um relacionamento mais profundo contigo e a uma fé mais firme em Tua bondade e cuidado. Em nome de Jesus.

Amém.

PROPÓSITO

Identificar os pensamentos ou situações que alimentam sua tristeza trazendo sentimentos de desespero, desânimo ou de dó de si mesmo. Aproprie-se da bênção do Salmo 33, 19, declarando: "O Senhor está perto de mim e me cura e liberta de minha tristeza".

Nosso propósito nos próximos dias é entregar nossas tristezas a Deus em oração e permitir que Sua presença e amor nos envolvam.

Lembre-se de que a tristeza é uma emoção passageira e, com Deus ao nosso lado, podemos superá-la e encontrar alegria mesmo nas circunstâncias mais difíceis.

AFIRMAÇÃO DE FÉ

Declaro que muitas são as aflições do justo, mas o Senhor o livra de todas. Confio que, em meio aos desafios da vida, Deus é a minha fortaleza e refúgio. Ele me sustenta e me liberta de todas as adversidades. Em Deus encontro paz e segurança. Amém.

13

Com Deus vou mudar minha autoestima

Sede bendito por me haverdes feito
de modo tão maravilhoso.
Pelas vossas obras tão extraordinárias,
conheceis a fundo minha alma.

Salmo 138, 14

MEDITAÇÃO

A autoestima é a avaliação que fazemos de nós mesmos, e muitas vezes ela é influenciada quando nos comparamos com os outros ou com padrões externos. No entanto, este versículo nos lembra de uma verdade fundamental: Deus nos criou de maneira admirável e maravilhosa. Ele nos conhece profundamente e nos ama incondicionalmente.

A verdadeira autoestima começa com a compreensão de que somos valiosos aos olhos de Deus, independentemente de nossa aparência, realizações ou *status* social. Ele nos criou com um propósito e nos vê como preciosos.

Com uma autoestima positiva, somos capazes de:

Resiliência: Uma autoestima saudável nos torna mais resistentes às adversidades da vida. Podemos enfrentar desafios com confiança, sabendo que somos capazes de superá-los.

Relações saudáveis: A autoestima afeta diretamente nossos relacionamentos. Quando nos valorizamos, tendemos a escolher relacionamentos que nos tratam com respeito e dignidade, e também somos capazes de oferecer isso aos outros.

Realização pessoal: Acreditando em nossas habilidades, nos sentimos motivados a estabelecer metas e perseguir nossos sonhos. A autoestima nos impulsiona a buscar a realização pessoal e profissional.

ORAÇÃO

Querido Deus,

Às vezes lutamos com nossa autoestima, nos sentindo inadequados ou desvalorizados. Hoje, buscamos uma mudança profunda em nossa autoimagem, baseada na verdade de que fomos formados de forma admirável e maravilhosa por Ti.

Ajuda-nos a enxergar a nós mesmos por meio de Teus olhos, como pessoas valiosas e amadas. Liberta-nos das comparações prejudiciais e dos padrões irreais que podem nos afligir. Que possamos abraçar a verdade de que somos Teu tesouro.

À medida que buscamos mudar nossa autoestima, que a nossa identidade seja fundamentada em Ti e no Teu amor incondicional por nós. Em nome de Jesus.

Amém.

PROPÓSITO

Examine sua autoestima com a presença de Deus.

– Geralmente, como você se sente consigo mesmo?
– Você costuma se criticar?
– O que você mais gosta em si mesmo?
– O que você gostaria de mudar em relação a si mesmo?
– Como você lida com elogios ou críticas?

Aceitação pessoal como filho de Deus: Aprenda a aceitar a si mesmo com todas as suas imperfeições. Ninguém é perfeito, e isso faz parte da experiência humana. Lembre-se de que você é único e precioso aos olhos de Deus. Para isso, crie afirmações espirituais positivas que reflitam sua identidade em Deus. Por exemplo: "Sou amado por Deus", "Sou uma criação maravilhosa de Deus", "Deus me criou à sua imagem e semelhança". O enfermo pode dizer: "Eu sou guerreiro" (Jl 4, 10).

AFIRMAÇÃO DE FÉ

Declaro que sou maravilhosamente criado por Deus. Ele me formou com cuidado e me fez único. Aceito e amo a mim mesmo como obra-prima de Deus, sabendo que sou digno de amor e respeito. Em Deus encontro minha verdadeira identidade e valor.
Amém.

14

Com a ajuda de Deus, serei resiliente

Tudo posso naquele que me fortalece.

Filipenses 4, 13

MEDITAÇÃO

A resiliência é a capacidade de enfrentar adversidades, superar desafios e crescer por intermédio das dificuldades. A resiliência é uma reação essencial para a vida e nos ajuda a enfrentar uma série de dificuldades, incluindo doença, pobreza, críticas, abandono, morte, medo, ansiedade e depressão. O versículo de Filipenses 4, 13 nos lembra que nossa força não vem de nós mesmos, mas do poder de Deus que nos fortalece. Quando confiamos em Deus e buscamos Sua orientação, Ele nos capacita a enfrentar qualquer situação.

A resiliência não significa que nunca enfrentaremos dificuldades, mas sim que não estamos sozinhos em nossas lutas.

Com Deus ao nosso lado, podemos encontrar a força necessária para perseverar e crescer espiritualmente, mesmo diante dos desafios mais difíceis.

ORAÇÃO

Querido Deus,

Reconhecemos que a vida está repleta de desafios e adversidades que muitas vezes nos deixam desanimados e fracos. Hoje, buscamos a Tua força e o Teu poder para sermos resilientes diante das dificuldades.

Ajuda-nos a lembrar que podemos fazer tudo por meio da Tua força que opera em nós. Que a nossa confiança esteja em Ti, não em nossas próprias habilidades. Capacita-nos a enfrentar as adversidades com coragem, fé e perseverança.

À medida que buscamos ser resilientes, que possamos crescer espiritualmente e nos tornar pessoas mais maduras e confiantes em Ti. Em nome de Jesus.

Amém.

PROPÓSITO

Examine a sua reação diante dos mais diferentes fatos negativos (crise pessoal ou familiar, doença, morte, questões financeiras...) Você se recupera ou desiste? Diante de cada fato negativo, aproprie-se da bênção de Filipenses 4, 13 e declare: Tudo posso naquele que me fortalece, Jesus.

Medite a Palavra de Deus: Prove que a Bíblia é a Palavra de Deus e pratique-a. Quanto mais de perto os valores fundamentais de Deus são seguidos, mais fortalecida será a resiliência.

AFIRMAÇÃO DE FÉ

Declaro que posso enfrentar todas as situações e desafios que surgirem em minha vida por meio daquele que me fortalece, Jesus Cristo. Com a Sua ajuda, sou resiliente, capaz de superar obstáculos e crescer, superando as adversidades. Confio na Sua força em mim.
Amém.

15

Com a ajuda de Deus, não terei medo de recomeçar

Não vos lembreis mais dos acontecimentos de outrora, não recordeis mais as coisas antigas, porque eis que vou fazer obra nova, a qual já surge: não a vedes? Vou abrir uma via pelo deserto, e fazer correr arroios pela estepe.

Isaías 43, 18-19

MEDITAÇÃO

O medo de recomeçar é algo que muitos de nós enfrentamos quando nos deparamos com novas etapas em nossas vidas. No entanto, este versículo de Isaías nos lembra que Ele é um Deus de renovação e oportunidades. Ele nos encoraja a não ficar presos ao passado, mas a estar abertos para as novas coisas que Ele está fazendo.

Deus é capaz de abrir caminhos mesmo nas situações mais desafiadoras. Ele pode transformar desertos em lugares férteis e secos em riachos de água viva. Portanto, não precisamos temer recomeçar, porque Deus está conosco, abrindo novas portas e guiando nosso caminho.

ORAÇÃO

Querido Deus,

Muitas vezes sentimos medo de recomeçar, especialmente quando enfrentamos mudanças significativas em nossas vidas. Hoje, queremos entregar a Ti esse medo e essa ansiedade. Confiamos que Tu és o Deus que faz coisas novas.

Ajuda-nos a não ficar presos ao passado, mas a abraçar as oportunidades que Tu nos ofereces. Dá-nos a coragem de avançar, mesmo quando o caminho é incerto. Que possamos confiar que Tu estás conosco, abrindo caminhos em desertos e fornecendo água em lugares áridos.

À medida que enfrentamos recomeços, ajuda-nos a confiar em Ti e a seguir Teu plano para nossas vidas. Em nome de Jesus.

Amém.

PROPÓSITO

Identifique momentos em que não teve coragem para recomeçar ou culpou a si ou outros. Quando esses acontecimentos vêm à sua mente, que sentimentos trazem?

Nos próximos dias, nosso propósito é abraçar a ideia de recomeçar como uma oportunidade para o crescimento e a renovação em nossa jornada espiritual. Iremos buscar ativamente novas maneiras de servir a Deus, de aprender e de crescer em nossa fé.

AFIRMAÇÃO DE FÉ

Declaro que o Senhor está me capacitando para deixar o passado para trás e abraçar o novo que Ele tem preparado para mim. Creio que Ele está fazendo novas coisas em minha vida, e eu tenho a coragem de seguir adiante. Confio na Sua orientação e no Seu plano perfeito para mim.
Amém.

16

Com a ajuda de Deus, ficarei livre do sentimento de culpa

Se reconhecemos os nossos pecados,
(Deus aí está) fiel e justo para nos perdoar
os pecados e para nos purificar de toda iniquidade.

1 João 1, 9

MEDITAÇÃO

A libertação do sentimento de culpa com a ajuda de Deus é um processo de cura e restauração espiritual. A culpa é uma emoção poderosa que pode nos manter presos ao passado e prejudicar nossa saúde mental e emocional. Aqui estão algumas maneiras de se libertar desse sentimento com a orientação divina.

O processo de cura começa pela atitude de reconhecer e aceitar a culpa. É importante reconhecer a responsabilidade por nossos erros ou ações que possam ter causado danos a nós mesmos ou aos outros. Isso é parte fundamental do processo de cura. O demônio tenta nos aprisionar pelo sentimento de culpa, fazendo-nos crer não existir saída. Também existe o risco de justificar, culpar alguém ou uma circunstância.

É necessário buscar o perdão de Deus por meio de oração. Como católicos, temos à nossa disposição um meio de cura e renovação espiritual: o sacramento da reconciliação ou confissão. Na pessoa do sacerdote temos um encontro com Cristo que perdoa os pecados e nos dá a graça para combater o bom combate e guardar a fé. A libertação da culpa com a ajuda de Deus envolve um compromisso de mudar seu comportamento e evitar repetir os mesmos erros.

ORAÇÃO

Querido Deus,

Muitas vezes carregamos o peso do sentimento de culpa em nossos corações, e isso nos impede de nos aproximar de Ti com confiança. Hoje, reconhecemos que Tu és um Deus de perdão e misericórdia.

Pedimos que nos ajudes a confessar sinceramente os nossos pecados diante de Ti. Confiamos que és fiel e justo para nos perdoar e nos purificar. Liberta-nos do peso da culpa e da vergonha que carregamos, para que possamos viver em liberdade e alegria em Tua presença.

À medida que buscamos ser livres do sentimento de culpa, ajuda-nos a viver em gratidão pelo Teu perdão e a aprender com nossos erros. Em nome de Jesus.

Amém.

PROPÓSITO

Nos próximos dias, nosso propósito é buscar a liberdade do sentimento de culpa por meio da confissão e do perdão de Deus. Faça um exame de consciência para identificar ações, pensamentos e palavras. Busque o perdão por meio do sacramento da confissão.

Se a lembrança de pecados perdoados tentarem trazer de volta o sentimento de culpa, aproprie-se da bênção recebida na confissão, declarando:

"Deus é fiel e justo para me perdoar os pecados e para me purificar de toda iniquidade".

AFIRMAÇÃO DE FÉ

Declaro que, quando confesso meus pecados a Deus, Ele é fiel e justo para me perdoar e me purificar de todo o mal. Creio que, em Cristo Jesus, sou totalmente perdoado e livre de qualquer sentimento de culpa. Confio na Sua graça e no Seu amor incondicional.
Amém.

17

Com a ajuda de Deus, aprenderei a não julgar meus semelhantes

Não julgueis, e não sereis julgados. Porque do mesmo modo que julgardes, sereis também vós julgados e, com a medida com que tiverdes medido, também vós sereis medidos.

Mateus 7, 1-2

MEDITAÇÃO

O ato de julgar os outros é uma tendência humana comum, mas a Bíblia nos ensina a ser cuidadosos com o julgamento. O versículo de Mateus 7, 1-2 nos lembra que, da mesma forma que julgamos os outros, seremos julgados. Isso não significa que não devemos discernir o certo do errado ou agir com sabedoria, mas que devemos evitar julgamentos precipitados e condenatórios.

O julgamento muitas vezes está enraizado na falta de compreensão e compaixão. Aprendendo a não julgar os outros, podemos cultivar relacionamentos mais amorosos, promover a unidade e refletir o amor e a graça de Deus em nossas vidas.

ORAÇÃO

Querido Deus,

Reconhecemos que, muitas vezes, somos rápidos em julgar os outros, sem compreender completamente suas circunstâncias ou motivações. Pedimos perdão por nossos julgamentos precipitados e críticas.

Ajuda-nos a aprender a não julgar nossos semelhantes, mas a demonstrar compaixão e compreensão em vez disso. Dá-nos olhos para ver as pessoas como Tu as vês, com amor e graça. Que possamos ser instrumentos de reconciliação e não de condenação.

À medida que buscamos aprender a não julgar, pedimos que Tua sabedoria e Teu amor se manifestem em nossa relação com os outros. Em nome de Jesus.

Amém.

PROPÓSITO

Faça uma lista de pessoas com quem você tem alguma diferença ou que você tenha criticado. Em cada nome, diga:

Senhor, perdoa-me pelo julgamento e abençoa (diga o nome da pessoa).

Faça este exercício espiritual algumas vezes.

Nosso propósito será evitar o julgamento precipitado e crítico em nossos relacionamentos com os outros. Iremos praticar a empatia, tentar compreender as perspectivas alheias e oferecer a graça do perdão sempre que possível. Além disso, vamos refletir sobre nossas próprias falhas e reconhecer que também precisamos da graça do perdão de Deus.

AFIRMAÇÃO DE FÉ

Declaro que escolho não julgar os outros, para que eu não seja julgado. Creio que, ao mostrar compaixão e misericórdia, receberei o mesmo tratamento do Pai celestial. Confio na Sua sabedoria e no Seu amor para guiar meus relacionamentos. Amém.

18

Com a ajuda de Deus, viverei o hoje

Não vos preocupeis, pois, com o dia de amanhã:
o dia de amanhã terá as suas preocupações próprias.
A cada dia basta o seu cuidado.

Mateus 6, 34

MEDITAÇÃO

O texto de Mateus 6, 34 nos lembra da importância de viver no presente, sem nos preocupar excessivamente com o futuro. Preocupações sobre o amanhã podem roubar nossa paz e alegria no presente. Deus nos encoraja a confiar nele e a enfrentar cada dia à medida que ele vem, sabendo que Ele cuidará de nós.

Ao vivermos o hoje, podemos nos concentrar nas oportunidades e desafios que Deus coloca diante de nós. Podemos desfrutar das bênçãos e dos relacionamentos que temos agora, em vez de nos perdermos em ansiedade sobre o que o futuro pode trazer.

ORAÇÃO

Querido Deus,

Muitas vezes ficamos ansiosos em relação ao futuro, preocupados com o que pode acontecer. Hoje, queremos aprender a viver no presente, confiando que Tu estás no controle de todas as coisas.

Pedimos que nos ajudes a liberar nossas preocupações sobre o amanhã e a nos concentrar no hoje. Ajuda-nos a desfrutar das bênçãos e oportunidades que Tu colocas diante de nós. Fortalece nossa fé para confiar em Ti em todos os momentos.

À medida que buscamos viver o hoje, que possamos encontrar paz, alegria e gratidão em cada momento que compartilhamos contigo. Em nome de Jesus.

Amém.

PROPÓSITO

Quais são as suas preocupações, o que está atormentando a sua paz interior? Identifique e declare: "Darei o meu melhor hoje com Jesus, com a certeza de que o amanhã está no controle Dele".

Nos próximos dias, nosso propósito é praticar viver o presente. Vamos nos esforçar para não nos preocupar em excesso com o futuro, mas nos concentrar nas tarefas e nos relacionamentos que temos hoje. Iremos criar momentos de gratidão diária, reconhecendo as bênçãos do presente.

AFIRMAÇÃO DE FÉ

Declaro que escolho viver no presente, confiando no cuidado de Deus. Creio que o hoje é um presente divino, e eu o abraçarei com gratidão. Confio que Deus está no controle do amanhã, e minha confiança está Nele.
Amém.

19

Com a ajuda de Deus, darei o melhor de mim nas minhas atividades

Tudo o que fizerdes, fazei-o de bom coração, como para o Senhor e não para os homens, certos de que recebereis, como recompensa, a herança das mãos do Senhor. Servi a Cristo, Senhor.

Colossenses 3, 23-24

MEDITAÇÃO

Esses versículos nos lembram de que tudo o que fazemos deve ser feito com excelência e dedicação, como se estivéssemos servindo diretamente ao Senhor. Não importa qual seja a nossa ocupação, trabalho ou responsabilidade, devemos realizar nossas tarefas com integridade e entusiasmo, como se fossem um ato de adoração a Deus.

Essa perspectiva transforma nossa maneira de encarar o trabalho e as responsabilidades cotidianas. Não estamos simplesmente cumprindo obrigações, mas sim oferecendo nossos esforços como um presente a Deus. Isso nos motiva a fazer o melhor, independentemente das circunstâncias ou do reconhecimento humano, porque sabemos que a recompensa vem do Senhor.

Além disso, o versículo nos lembra que, em última análise, estamos servindo a Cristo. Cada ação, mesmo as mais simples, se tornam uma oportunidade de testemunhar nossa fé e honrar nosso Senhor.

ORAÇÃO

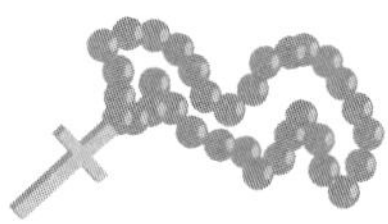

Querido Deus,

Hoje nos comprometemos a dar o melhor de nós em todas as atividades. Reconhecemos que Tu és digno de nosso melhor esforço e dedicação. Ajuda-nos a lembrar que estamos servindo a Ti em tudo o que fazemos.

Dá-nos a motivação e a perseverança para sermos excelentes em nossas tarefas, sabendo que, ao fazê-las, estamos refletindo o Teu caráter e amor para o mundo. Que nossa dedicação e paixão inspirem aqueles ao nosso redor a buscar a excelência e a honrar a Ti em suas vidas.

À medida que nos comprometemos a dar o nosso melhor, pedimos a Tua orientação e força para alcançar nossos objetivos. Em nome de Jesus.

Amém.

PROPÓSITO

Hoje, reflita sobre como você encara suas responsabilidades diárias. Você as realiza com excelência e dedicação, como se estivesse servindo ao Senhor?

Nos próximos dias, nosso propósito é dar o melhor de nós em todas as atividades, seja no trabalho, estudo, em casa ou em nossa comunidade. Onde precisa melhorar?

Comece o dia em oração, entregando todas as atividades a Deus e pedindo Sua orientação e bênção.

Sempre que enfrentar desafios ou dificuldades, lembre-se de que está servindo a Cristo e busque Sua força e orientação para superá-los.

AFIRMAÇÃO DE FÉ

Declaro que darei o meu melhor em tudo o que fizer, como se estivesse servindo ao Senhor, pois é do Senhor que recebo a recompensa da herança. Escolho honrar a Deus com excelência em todas as áreas de minha vida, sabendo que Ele é a minha fonte de inspiração e recompensa.
Amém.

20

Com a ajuda de Deus, deixarei de ser negativo

Bem conheço os desígnios que mantenho para convosco – oráculo do Senhor –, desígnios de prosperidade e não de calamidade, de vos garantir um futuro e uma esperança.

Jeremias 29, 11

MEDITAÇÃO

A negatividade, muitas vezes, encontra raízes em nossos pensamentos e atitudes. O versículo de Jeremias nos orienta a mudar nossa mentalidade, concentrando-nos em pensamentos e coisas positivas: propósitos de prosperidade e não de calamidade. Quando fixamos nossas mentes em coisas verdadeiras, nobres, corretas, puras, amáveis, de boa fama, excelentes e dignas de louvor, nossa perspectiva muda.

A negatividade é como construir uma casa na areia. A casa não só não resistirá, mas também nos derrubará. Além disso, a negatividade pode provocar sentimentos que nos deixam emocionados e muitas vezes instáveis.

Em vez de se concentrar no que está errado ou ruim, esse versículo nos convida a enxergar o mundo com mentalidade positiva e a encontrar beleza e bondade nas situações e nas pessoas ao nosso redor.

ORAÇÃO

Querido Deus,

Muitas vezes permitimos que a negatividade invada nossos pensamentos e atitudes. Pedimos perdão por nossas mentes críticas e pessimistas. Hoje, queremos nos comprometer a mudar nossa mentalidade com o auxílio do Espírito Santo.

Ajuda-nos a pensar nas coisas que são verdadeiras, nobres, corretas, puras, amáveis, de boa fama, excelentes e dignas de louvor. Transforma nossos pensamentos e atitudes para que reflitam Tua bondade e amor.

À medida que buscamos deixar de ser negativos, pedimos Tua ajuda para manter nossas mentes focadas nas coisas que nos edificam e nos aproximam de Ti. Em nome de Jesus.

Amém.

PROPÓSITO

Examine como são seus pensamentos: negativos ou positivos? Declare a cada pensamento negativo: "Deus tem para mim propósitos de prosperidade e não de calamidade".

Nos próximos dias, nosso propósito é cultivar uma mentalidade mais positiva, concentrando-nos nos propósitos positivos. Iremos praticar a gratidão diária, refletindo sobre as coisas boas e verdadeiras em nossas vidas.

Além disso, vamos vigiar nossos pensamentos e palavras, evitando críticas e negatividade. Vamos procurar oportunidades para elogiar e encorajar os outros, promovendo um ambiente de positividade e bondade ao nosso redor.

AFIRMAÇÃO DE FÉ

Declaro que confio nos planos que Deus tem para mim. Escolho deixar de lado pensamentos negativos e abraçar a esperança e o futuro promissor que Ele tem preparado. Creio que o Senhor tem um propósito bom e cheio de esperança para a minha vida.
Amém.

21

Com a ajuda de Deus, vencerei a preguiça

Vai, ó preguiçoso, ter com a formiga, observa seu proceder e torna-te sábio: ela não tem chefe, nem inspetor, nem mestre; prepara no verão sua provisão, apanha no tempo da ceifa sua comida.

Provérbios 6, 6-8

MEDITAÇÃO

Esses versículos nos convidam a observar a formiga, um ser minúsculo, mas incrivelmente diligente e organizado. A formiga não precisa de supervisão ou motivação externa para trabalhar arduamente. Ela é disciplinada e faz o que precisa ser feito, armazenando alimento para o futuro.

Essa lição nos lembra da importância da diligência, da responsabilidade e da preparação para o futuro em nossa própria vida. A preguiça é repreendida aqui, e somos chamados a olhar para as formigas como exemplo de como devemos lidar com nossas responsabilidades e recursos.

A formiga nos ensina que o trabalho árduo, a organização e a preparação são virtudes valorizadas por Deus. Em vez de adiar ou desperdiçar recursos, devemos agir com responsabilidade e planejamento. Isso não apenas nos ajuda a enfrentar desafios futuros, mas também nos torna pessoas mais sábias.

Nossas vidas espirituais também podem se beneficiar dessa lição. O empenho na busca por Deus, na oração, na leitura da Bíblia e na prática do amor ao próximo nos ajuda a crescer espiritualmente e a nos preparar para os desafios da vida.

Portanto, que possamos aprender com a formiga e aplicar essas lições em nossas vidas diárias, buscando a dedicação, a responsabilidade e a sabedoria em todas as áreas, físicas e espirituais, de nossa jornada.

ORAÇÃO

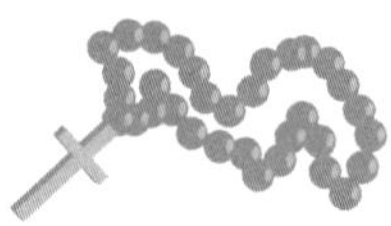

Querido Deus,

Reconhecemos que a preguiça pode nos impedir de alcançar nosso potencial e cumprir nossas responsabilidades. Pedimos perdão por todos os momentos em que cedemos à preguiça.

Ajuda-nos a buscar a sabedoria das formigas, sendo dedicados e responsáveis em nossas tarefas. Concede-nos a disciplina necessária para vencer a preguiça e cumprir nossos deveres com excelência.

À medida que buscamos vencer a preguiça, que possamos fazer todas as coisas como para Ti, buscando Tua glória em nosso trabalho. Em nome de Jesus.

Amém.

PROPÓSITO

Nos próximos dias, nosso propósito é vencer a preguiça por meio da disciplina e da responsabilidade. Vamos criar uma lista de tarefas diárias e cumprir cada uma delas com diligência. Além disso, vamos buscar a ajuda de Deus em oração, pedindo Sua orientação e força para sermos responsáveis em nossas obrigações.

Refletir sobre como podemos aplicar a lição da formiga em nossa vida cotidiana, sendo atentos e cuidadosos em nossas tarefas.

AFIRMAÇÃO DE FÉ

Declaro que a preguiça não terá domínio sobre mim. Escolho seguir o exemplo da formiga, sendo diligente e sábio em minhas atividades. Creio que, com a orientação de Deus, vencerei a tentação da preguiça e alcançarei meus objetivos com perseverança e determinação.
Amém.

22

Com a ajuda de Deus, me alegrarei com o sucesso dos outros

Alegrai-vos com os que se alegram;
chorai com os que choram.

Romanos 12, 15

MEDITAÇÃO

Essas palavras do apóstolo São Paulo nos lembram da importância de compartilhar as alegrias e tristezas de nossos irmãos e irmãs em Cristo. A vida é repleta de altos e baixos, e Paulo nos exorta a ser sensíveis às emoções e experiências dos outros.

Quando nos alegramos com aqueles que estão felizes, demonstramos amor, apoio e solidariedade. Celebrar as conquistas e alegrias dos outros fortalece os laços de comunhão e cria um ambiente de amor mútuo. É uma oportunidade de compartilhar as bênçãos uns com os outros.

Da mesma forma, chorar com aqueles que estão sofrendo demonstra compaixão e empatia. É um gesto de apoio e cuidado, lembrando aos outros que não estão sozinhos em suas lutas. Estender a mão para confortar e compartilhar o peso das tristezas alivia o fardo dos que enfrentam dificuldades.

Essa passagem também recorda que somos chamados a cuidar uns dos outros em todas as circunstâncias. É um lembrete de que o amor cristão não é apenas um sentimento, mas se manifesta em ações concretas de alegria e compaixão.

Portanto, que possamos cultivar uma atitude de empatia em nossas vidas, aprendendo a compartilhar as alegrias e tristezas de nossos irmãos e irmãs em Cristo. Dessa forma, cumprimos o mandamento de amar uns aos outros, como somos amados por Jesus.

ORAÇÃO

Querido Deus,

Às vezes, a inveja e o ciúme podem nos impedir de nos alegrar com o sucesso dos outros. Pedimos perdão por qualquer momento em que tenhamos falhado nisso.

Ajuda-nos a ser genuinamente felizes quando vemos outras pessoas prosperando e alcançando seus objetivos. Que possamos celebrar suas conquistas e compartilhar suas alegrias, sabendo que somos todos parte do Teu corpo, a Igreja.

À medida que buscamos nos alegrar com o sucesso dos outros, pedimos que nos enchas de amor, empatia e humildade. Que possamos ser um reflexo do Teu amor para o mundo. Em nome de Jesus.

Amém.

PROPÓSITO

Nos próximos dias, nosso propósito é praticar a alegria pelo sucesso dos outros. Examine como reage diante do sucesso dos outros.

Além disso, vamos orar por aqueles que estão prosperando, pedindo a Deus que continue a abençoá-los em sua jornada.

Também vamos trabalhar para superar qualquer inveja ou ciúmes que possam surgir, escolhendo em vez disso se alegrar com o sucesso dos outros.

AFIRMAÇÃO DE FÉ

Declaro que me alegro sinceramente com o sucesso e a felicidade daqueles ao meu redor. Escolho viver em harmonia e amor, celebrando as conquistas dos outros como se fossem as minhas. Creio que, ao compartilhar alegria com os demais, experimento a verdadeira comunhão e o amor de Deus.
Amém.

23

Com a ajuda de Deus, terei a atitude de louvor

Bendirei continuamente o Senhor,
seu louvor não deixará meus lábios.

Salmo 33, 2

MEDITAÇÃO

Louvar a Deus na alegria e nas dificuldades é um testemunho profundo de nossa fé e relacionamento com Ele. Na alegria, o louvor é uma expressão de gratidão, reconhecendo que todas as bênçãos vêm Dele. É um lembrete de que a fonte de nossa alegria está em Deus e Sua bondade.

Nas dificuldades, o louvor assume um significado ainda mais profundo. Ao escolher louvar, mesmo em meio ao sofrimento, demonstramos nossa confiança de que Deus está no controle e que Ele é digno de adoração, independentemente das circunstâncias. Isso não nega a realidade da dor, mas coloca nossa fé e esperança em algo maior.

Além disso, louvar a Deus nas dificuldades fortalece nossa fé e nos conecta com Ele de maneira íntima. É um ato de fé que nos ajuda a enxergar além das circunstâncias imediatas e a confiar na soberania e no amor de Deus. Ao fazê-lo, experimentamos Sua presença de maneira palpável, trazendo consolo e paz ao nosso coração.

Louvar a Deus em todas as situações também nos lembra de que Ele é o nosso refúgio e fortaleza, uma rocha firme em quem podemos confiar. É um lembrete de que Ele é fiel e que Sua promessa de estar conosco em todos os momentos nunca falha.

Portanto, louvar a Deus na alegria e nas dificuldades é um testemunho poderoso de nossa fé e um meio de nos manter conectados espiritualmente com nosso Criador, independentemente das circunstâncias que enfrentamos.

ORAÇÃO

Querido Deus,

Reconhecemos que muitas vezes permitimos que as preocupações e as dificuldades da vida nos afastem do louvor a Ti. Hoje queremos nos comprometer a ter uma atitude de louvor constante em nossas vidas.

Ajuda-nos a louvar-Te em todo o tempo, independentemente das circunstâncias que enfrentamos. Que nossos lábios estejam sempre cheios de louvor e gratidão por Tua bondade e fidelidade.

À medida que buscamos ter uma atitude de louvor, que possamos experimentar a alegria e a paz que vêm de estarmos próximos de Ti. Em nome de Jesus.

Amém.

PROPÓSITO

Nos próximos dias, nosso propósito é cultivar uma atitude de louvor constante. Iremos começar e terminar nossos dias com um momento de louvor a Deus, agradecendo por Suas bênçãos e exaltando Sua grandeza.

Também faremos a experiência de oferecer sacrifícios de louvor, isto é, declarando que mesmo diante das dificuldades, Deus está presente e nos fortalece.

Manteremos um diário de gratidão, anotando diariamente as coisas pelas quais somos gratos, mesmo nos dias difíceis.

AFIRMAÇÃO DE FÉ

Declaro que escolho louvar o Senhor em todos os momentos de minha vida. Reconheço a grandeza de Deus e Seu amor constante por mim. Creio que, ao manter uma atitude de louvor e gratidão, experimento Sua presença e paz em abundância. Em todos os momentos, bendirei ao Senhor.

Amém.

24

Com a ajuda de Deus, colherei milagres

Porque a Deus nenhuma coisa
é impossível.

Lucas 1, 37

MEDITAÇÃO

Essa mensagem do Arcanjo Gabriel à Virgem Maria é uma fonte profunda de conforto e esperança para todos nós. Muitas vezes, enfrentamos desafios, obstáculos e situações que parecem impossíveis de superar. Mas essa passagem nos lembra de que Deus está no controle e que Sua capacidade de intervir é ilimitada.

Quando aplicamos essa verdade às nossas vidas, ela nos encoraja a confiar em Deus, mesmo quando as circunstâncias parecem desfavoráveis. Ela nos lembra que, com Deus ao nosso lado, não precisamos temer o impossível. Podemos perseverar na fé, sabendo que Ele é capaz de cumprir Suas promessas e realizar Seus propósitos em nossas vidas.

Portanto, quando nos deparamos com desafios aparentemente insuperáveis, podemos recorrer a Lucas 1, 37 como um lembrete do poder soberano de Deus. Essa passagem nos inspira a manter a fé inabalável e a confiar que, para Deus, nada é impossível, e Ele está sempre disposto a nos surpreender com Sua graça e misericórdia.

ORAÇÃO

Querido Deus,

Reconhecemos que és um Deus de milagres, e nada está fora de Teu alcance. Hoje, pedimos a Tua orientação e poder para colher milagres em nossas vidas.

Aumenta a nossa fé, para que possamos acreditar em Ti para o impossível. Ajuda-nos a confiar em Teu plano e propósito para nós, mesmo quando as circunstâncias parecem impossíveis.

À medida que buscamos colher milagres, pedimos que Tua vontade seja feita em nossas vidas. Que possamos ver Tua mão agindo de maneira poderosa e sobrenatural. Em nome de Jesus.

Amém.

PROPÓSITO

Nos próximos dias, nosso propósito é fortalecer nossa fé e expectativa de milagres em nossas vidas. Vamos dedicar tempo diário à oração, pedindo a Deus que revele Sua vontade e poder em nossas circunstâncias.

Vamos examinar onde precisamos da manifestação do impossível, confiando que Deus é capaz de realizar o extraordinário em nossa vida.

Rezaremos diante de nossos sonhos, projetos: Para Ti nada é impossível.

Vamos estudar as histórias de milagres na Bíblia e na Igreja como uma fonte de inspiração e encorajamento. Buscaremos o auxílio de pessoas e de livros.

Também vamos compartilhar as graças recebidas de Deus.

AFIRMAÇÃO DE FÉ

Declaro que para Deus nada é impossível. Creio que, diante dos desafios e obstáculos da vida, a mão poderosa de Deus está sempre presente para realizar o que parece impossível aos olhos humanos. Em cada situação, confio em Deus e no Seu poder para trazer soluções e cumprir Seus propósitos. Amém.

25

Com a ajuda de Deus, terei tempo para a oração

De manhã, tendo se levantado muito antes do amanhecer, ele saiu e foi para um lugar deserto, e ali se pôs em oração.

Marcos 1, 35

MEDITAÇÃO

Aí temos a revelação sobre a importância da oração na vida de Jesus e, por extensão, na nossa própria vida de oração.

Vejamos a seguir três dimensões da oração:

1ª) Prioridade da oração: Jesus escolheu iniciar o dia com a oração. Ele valorizava a comunhão com o Pai Celestial a ponto de dedicar tempo significativo para isso. Isso nos lembra que a oração deve ser uma prioridade em nossa vida também, um momento dedicado a buscar a presença de Deus antes das atividades do dia.

2ª) Silêncio e solidão: Jesus buscou um lugar deserto para orar, longe das distrações e do barulho da vida cotidiana. Isso destaca a importância do silêncio e da solidão na oração, onde podemos nos conectar mais profundamente com Deus, ouvir Sua voz e compartilhar nossos pensamentos e preocupações de maneira íntima.

3ª) Comunhão com Deus: A oração é o meio pelo qual estabelecemos uma comunhão significativa com Deus. Assim como Jesus se retirava para orar, nós também podemos buscar momentos de intimidade com Deus em nossas vidas diárias. Por meio da oração, fortalecemos nossa fé, recebemos direção divina e encontramos conforto nas horas de dificuldade.

ORAÇÃO

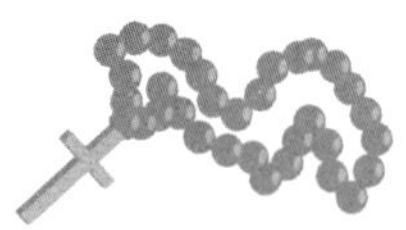

Querido Deus,

Reconhecemos que muitas vezes permitimos que as ocupações do dia a dia nos afastem do tempo dedicado à oração. Pedimos perdão pelos momentos em que negligenciamos esse importante aspecto de nosso relacionamento contigo.

Ajuda-nos a seguir o exemplo de Jesus, reservando momentos específicos para estar em Tua presença e buscar Tua orientação. Que possamos encontrar um lugar tranquilo e dedicar tempo a essa comunhão.

À medida que buscamos tempo para a oração, que nossos corações se abram para receber Tua Palavra e que possamos compartilhar contigo nossos anseios, ações de graças e pedidos. Em nome de Jesus.

Amém.

PROPÓSITO

Nos próximos dias, avaliaremos a nossa vida de oração pessoal.

– Somos fiéis a esse tempo de silêncio e solidão?

– Qual é o conteúdo de nossa oração: apenas pedimos coisas a Deus ou também expressamos gratidão e adoração?

– Existem momentos de silêncio das palavras para ouvir a voz de Deus?

– A Palavra de Deus está incluída na oração, como ajuda para entender melhor Sua vontade?

Além disso, vamos manter um registro de nossas orações e das respostas que recebemos, para que possamos acompanhar o modo como Deus está agindo em nossas vidas.

Buscaremos a ajuda de pessoas e livros para crescer na vida de oração.

Conselhos para iniciar o propósito de oração

Comece com sinceridade e humildade, abrindo o coração para Deus. Encontre um local tranquilo e um momento regular para orar, criando um ambiente propício. Comece com uma breve leitura da Bíblia, por exemplo, o evangelho da missa de cada dia. Fale com Deus como faria com um amigo, expressando gratidão, preocupações e desejos. Use orações conhecidas, como o Pai-Nosso, a Ave-Maria, para ajudar na estrutura, mas também permita momentos de silêncio para ouvir Deus. Seja persistente, mesmo se surgirem distrações. À medida que pratica, a oração se aprofunda. Peça ao Espírito Santo para guiá-lo em sua jornada de oração. Lembre-se de que a oração é um diálogo de amor com Deus; comece com simplicidade e seu crescimento virá com o tempo.

AFIRMAÇÃO DE FÉ

Declaro que, como Jesus, buscarei tempo para a oração e comunhão com Deus. Creio que, ao reservar momentos de silêncio e oração, encontrarei força, sabedoria e direção divina para enfrentar cada dia. Estabelecerei o hábito de buscar a presença de Deus em oração, reconhecendo Sua importância em minha vida.
Amém.

26

Com a ajuda de Deus, viverei o significado do sucesso

Traze sempre na boca as palavras deste livro da lei; medita-o dia e noite, cuidando de fazer tudo o que nele está escrito; assim prosperarás em teus caminhos e serás bem-sucedido.

Josué 1, 8

MEDITAÇÃO

O verdadeiro sucesso, do ponto de vista bíblico, está relacionado à nossa obediência à Palavra de Deus e à Sua vontade para nossas vidas. Josué 1, 8 nos ensina que meditar na Palavra de Deus e obedecê-la é o caminho para o sucesso. Isso significa que o sucesso não deve ser medido apenas em termos de realizações materiais ou reconhecimento humano, mas também em nossa relação com Deus e nosso cumprimento de Seus propósitos.

O sucesso, à luz da Bíblia, envolve viver uma vida justa, amorosa e piedosa, refletindo os princípios e valores de Deus em todas as áreas de nossa vida.

ORAÇÃO

Querido Deus,

Muitas vezes somos tentados a medir o sucesso de acordo com padrões mundanos, como riqueza, fama ou poder. No entanto, hoje queremos redefinir nosso entendimento de sucesso à luz de Tua Palavra.

Ajuda-nos a meditar em Tua Palavra dia e noite, para que possamos conhecer Tua vontade e obedecê-la em nossas vidas. Que possamos buscar o sucesso que vem de sermos fiéis a Ti e em viver de acordo com Teus princípios.

À medida que buscamos viver o significado do sucesso, que nossos corações estejam centrados em Ti e que possamos impactar positivamente o mundo ao nosso redor. Em nome de Jesus.

Amém.

PROPÓSITO

Nos próximos dias, nosso propósito é buscar e viver o significado do sucesso de acordo com os princípios da Palavra de Deus. Vamos procurar oportunidades para aplicar esses princípios em nossas ações diárias.

Também vamos refletir sobre nossas prioridades e valores, buscando alinhar nossa definição de sucesso com a vontade de Deus. Descreva suas prioridades na busca do sucesso.

AFIRMAÇÃO DE FÉ

Declaro que o verdadeiro sucesso está em meditar a Palavra de Deus e em obedecer Seus mandamentos. Creio que, ao alinhar minha vida com os princípios divinos, experimentarei o sucesso que vem da sabedoria e da orientação de Deus. Meu sucesso será medido não apenas por realizações pessoais, mas pela minha relação com o Criador e a influência positiva que exerço sobre os outros.
Amém.

27

Com a ajuda de Deus, não retribuirei com mal a quem me fizer mal

Eu, porém, vos digo: amai vossos inimigos,
fazei bem aos que vos odeiam,
orai pelos que vos [maltratam e] perseguem.

Mateus 5, 44

MEDITAÇÃO

O ensinamento de Jesus em Mateus 5, 44 é um dos princípios fundamentais do cristianismo: amar e orar por nossos inimigos. É uma chamada para a não retaliação e para a demonstração de amor e compaixão, mesmo quando somos tratados com o mal. A resposta de Jesus à maldade não é vingança, mas amor e oração.

Isso não significa que devemos tolerar o mal ou não tomar medidas apropriadas para nos proteger, mas significa que nosso coração deve ser orientado pela disposição de perdoar e desejar o bem aos que nos fazem mal.

ORAÇÃO

Querido Deus,

Reconhecemos que, muitas vezes, é grande a tentação de retribuir o mal com o mal. Pedimos perdão por qualquer momento em que tenhamos cedido a esse impulso.

Ajuda-nos a seguir o exemplo de Jesus, que nos ensinou a amar os inimigos e a orar por aqueles que nos perseguem. Dá-nos a força para perdoar, mesmo quando for difícil, e a capacidade de desejar o bem aos que nos fazem mal.

À medida que buscamos não retribuir com o mal, que possamos ser instrumentos de Tua graça e amor, refletindo o caráter de Cristo em todas as circunstâncias. Em nome de Jesus.

Amém.

PROPÓSITO

Nos próximos dias, nosso propósito é praticar a não retaliação e o amor pelos que nos fazem mal. Iremos identificar situações em que somos tentados a retribuir com o mal e, em vez disso, escolheremos responder com compaixão, perdão e oração.

Além disso, vamos orar especificamente pelos que nos prejudicaram, pedindo a Deus que os abençoe e revele Seu amor a eles. Ao fazer isso, estaremos demonstrando o amor transformador de Cristo e vivendo o ensinamento de amar nossos inimigos como Ele nos instruiu.

AFIRMAÇÃO DE FÉ

Declaro que seguirei o ensinamento de Jesus, amando e abençoando aqueles que me fazem mal. Creio que o amor e a compaixão são armas poderosas para transformar corações e promover a paz. Escolho perdoar e orar por aqueles que me prejudicam, confiando que o amor de Deus pode vencer o ódio e a amargura.
Amém.

28

Com Deus aprenderei a perdoar como fui perdoado na cruz

Suportai-vos uns aos outros e perdoai-vos mutuamente, toda vez que tiverdes queixa contra outrem. Como o Senhor vos perdoou, assim perdoai também vós.

Colossenses 3, 13

MEDITAÇÃO

O perdão é um dos princípios fundamentais do cristianismo, e o versículo de Colossenses 3, 13 nos lembra da importância de perdoar os outros, assim como Deus nos perdoou, por meio da cruz de Jesus Cristo. O perdão é um ato de amor e misericórdia, e devemos estender essa mesma graça aos outros, independentemente do que tenham feito.

Na cruz, Jesus pagou o preço pelos nossos pecados e nos ofereceu perdão e reconciliação com Deus. Da mesma forma, somos chamados a perdoar aqueles que nos ofenderam e a buscar a restauração dos relacionamentos, refletindo assim a obra de Cristo em nossas vidas.

ORAÇÃO

Querido Deus,

Reconhecemos que o perdão é um dos princípios mais difíceis de viver em nossas vidas. Pedimos perdão por quaisquer momentos em que tenhamos lutado para perdoar os outros como deveríamos.

Ajuda-nos a compreender a profundidade de Teu perdão por meio da cruz de Cristo e a estender essa mesma graça aos outros. Dá-nos corações dispostos a perdoar, mesmo quando é difícil, e a buscar a reconciliação com aqueles que nos ofenderam.

À medida que buscamos aprender a perdoar como fomos perdoados, pedimos Tua ajuda e orientação. Que nosso perdão reflita Tua obra transformadora em nossas vidas. Em nome de Jesus.

Amém.

PROPÓSITO

Nos próximos dias, nosso propósito é aprender a perdoar como fomos perdoados na cruz de Cristo. Iremos identificar novamente qualquer mágoa ou ressentimento que possa estar em nossos corações e, em vez de alimentá-los, escolheremos perdoar.

Além disso, vamos buscar a reconciliação com aqueles que nos ofenderam, quando apropriado, e estender a mão da graça e do amor. Vamos lembrar a obra redentora de Cristo na cruz sempre que nos sentirmos tentados a reter o perdão.

AFIRMAÇÃO DE FÉ

Declaro que, assim como o Senhor me perdoou na cruz, também escolho perdoar aos outros. Creio que o perdão é uma demonstração poderosa do amor de Deus agindo em mim, e escolho liberar qualquer mágoa ou ressentimento em nome de Cristo. Confio na obra restauradora do perdão e na capacidade de Deus de transformar relacionamentos.
Amém.

29

Com a ajuda de Deus, renovarei meus pensamentos

Não vos conformeis com este mundo, mas transformai-vos pela renovação do vosso espírito, para que possais discernir qual é a vontade de Deus, o que é bom, o que lhe agrada e o que é perfeito.

Romanos 12, 2

MEDITAÇÃO

O versículo de Romanos 12, 2 nos desafia a não seguir o padrão do mundo, mas a ser transformados pela renovação de nossa mente. Nossos pensamentos têm um poderoso impacto em nossas vidas, moldando atitudes e ações. A renovação da mente envolve substituir os padrões e valores mundanos por pensamentos que estejam alinhados com a vontade de Deus.

Essa renovação não acontece automaticamente; requer esforço consciente e um compromisso com a busca da verdade e da sabedoria de Deus. Quando nossos pensamentos são renovados, somos capazes de discernir a vontade de Deus e experimentar uma vida que Lhe é agradável.

ORAÇÃO

Querido Deus,

Reconhecemos que nossos pensamentos muitas vezes são moldados pelo padrão do mundo ao redor. Pedimos perdão por qualquer momento em que tenhamos cedido aos valores e pensamentos mundanos.

Hoje, queremos nos comprometer com a renovação de nossas mentes por meio de Tua Palavra e do Teu Espírito Santo. Ajuda-nos a buscar a verdade, a sabedoria e a vontade de Deus em nossos pensamentos.

À medida que buscamos renovar nossas mentes, que possamos experimentar uma transformação interior que nos permita viver de acordo com Tua boa, agradável e perfeita vontade. Em nome de Jesus.

Amém.

PROPÓSITO

Nos próximos dias, nosso propósito é trabalhar a renovação de nossos pensamentos. Vamos começar e terminar nossos dias com a leitura da Bíblia e momentos de reflexão sobre os princípios de Deus.

Além disso, vamos prestar atenção aos pensamentos negativos, críticos ou mundanos que surgirem e, conscientemente, substituí-los por pensamentos alinhados com a vontade de Deus.

AFIRMAÇÃO DE FÉ

Declaro que escolho ser transformado pela renovação da minha mente. Creio que, ao alinhar meus pensamentos com a vontade de Deus, experimentarei uma vida de propósito, sabedoria e discernimento. Abro meu coração para a transformação divina e para a renovação de meus pensamentos, confiando que isso me aproximará da vontade perfeita de Deus. Amém.

30

Com a ajuda de Deus, não direi nada que prejudique o próximo

Nenhuma palavra má saia da vossa boca,
mas só a que for útil para a edificação,
sempre que possível, e benfazeja aos que a ouvem.

Efésios 4, 29

MEDITAÇÃO

Esse versículo nos lembra a importância de cuidar das palavras que saem de nossas bocas. Muitas vezes, sem perceber, proferimos palavras que prejudicam ou ferem os outros. No entanto, como seguidores de Cristo, somos chamados a falar de maneira edificante, que transmita graça aos que ouvem.

Nossas palavras têm o poder de influenciar profundamente as pessoas ao redor. Devemos usar esse poder de maneira responsável, escolhendo palavras que elevem, encorajem e edifiquem os outros em vez de prejudicá-los.

ORAÇÃO

Querido Deus,

Muitas vezes falamos palavras que podem prejudicar os outros, mesmo sem intenção. Pedimos perdão por qualquer momento em que tenhamos proferido palavras que causaram dor ou danos.

Hoje, queremos nos comprometer a falar apenas palavras que sejam boas para a edificação, que transmitam graça aos que ouvem. Ajuda-nos a escolher as palavras com sabedoria e amor, para que possamos ser instrumentos de Tua graça e bondade.

À medida que buscamos não dizer nada que prejudique o próximo, que nossas palavras sejam fonte de bênçãos e encorajamento com quem interagimos. Em nome de Jesus.

Amém.

PROPÓSITO

Nos próximos dias, nosso propósito é ser conscientes das palavras que falamos e de seu impacto sobre os outros. Vamos buscar falar com amor e consideração, evitando palavras que possam prejudicar ou ferir.

Além disso, vamos procurar oportunidades para encorajar e edificar os outros por meio de nossas palavras. Lembre-se sempre de que palavras gentis e edificantes têm o poder de fazer a diferença na vida de alguém.

AFIRMAÇÃO DE FÉ

Declaro que escolho usar minhas palavras para edificar e encorajar. Creio que, ao falar com bondade e respeito, estou honrando o mandamento de amar o próximo. Escolho não prejudicar, mas sim abençoar com minhas palavras, confiando na graça de Deus para me capacitar a comunicar o amor e a verdade com sabedoria.
Amém.

31

Com a ajuda de Deus, tomarei cuidado para não espalhar mentiras

Seis coisas há que o Senhor odeia e uma sétima que lhe é uma abominação: olhos altivos, língua mentirosa, mãos que derramam sangue inocente, um coração que maquina projetos perversos, pés pressurosos em correr ao mal, um falso testemunho que profere mentiras e aquele que semeia discórdias entre irmãos.

Provérbios 6, 16-19

MEDITAÇÃO

A Bíblia nos ensina a evitar a mentira, pois ela é vista como algo detestável perante Deus. Mentir não apenas prejudica a verdade e a confiança, mas também desagrada ao Senhor. A verdade é um valor fundamental nas Escrituras, e a honestidade é uma qualidade que Deus valoriza em Seus filhos.

Mentiras podem causar feridas profundas nos relacionamentos e prejudicar a reputação de alguém. Como seguidores de Cristo, somos chamados a ser pessoas da verdade, que falam com integridade e cuidado para não espalhar mentiras.

ORAÇÃO

Querido Deus,

Reconhecemos que a mentira é algo que Tu detestas. Pedimos perdão por qualquer momento em que tenhamos dito ou espalhado mentiras, prejudicando a verdade e a confiança dos outros.

Hoje, queremos nos comprometer a tomar cuidado para não espalhar mentiras. Ajuda-nos a ser pessoas de verdade, que falam com integridade e honestidade. Que nossas palavras reflitam Teus valores e Tua vontade.

À medida que buscamos evitar a mentira, que possamos contribuir para a construção de relacionamentos baseados na confiança e na verdade. Em nome de Jesus.

Amém.

PROPÓSITO

Nos próximos dias, nosso propósito é ser vigilantes quanto à verdade em nossas palavras e ações. Vamos evitar dizer ou espalhar mentiras, mesmo que pareçam inofensivas.

Vamos buscar oportunidades para corrigir qualquer mentira anterior que tenhamos dito, buscando restaurar a confiança e a verdade.

AFIRMAÇÃO DE FÉ

Declaro que escolho não espalhar mentiras ou falsidades. Creio que a verdade é um princípio essencial na vida cristã. Comprometo-me a comunicar a verdade com integridade, evitando qualquer forma de engano ou difamação. Confio na orientação de Deus para viver uma vida de retidão e transparência.
Amém.

32

Com a ajuda de Deus, serei uma nova criatura

Todo aquele que está em Cristo
é uma nova criatura. Passou o que era velho;
eis que tudo se fez novo!

2 Coríntios 5, 17

MEDITAÇÃO

Esse versículo enfatiza a transformação que ocorre quando alguém se torna seguidor de Cristo. A expressão "nova criação" indica uma mudança profunda e completa na vida da pessoa. Ao aceitar Jesus como Senhor e Salvador, somos reconciliados com Deus e passamos a viver de acordo com Seus princípios e valores.

Essa transformação envolve abandonar velhos padrões de vida, pecados e hábitos prejudiciais, e abraçar uma nova maneira de viver baseada no amor, na justiça e na santidade.

Essa mudança é possível por meio do poder do Espírito Santo em nós.

ORAÇÃO

Querido Deus,

Agradecemos por Tua promessa de fazer de nós novas criaturas em Cristo. Reconhecemos que, muitas vezes, vivemos de acordo com os padrões do mundo e cometemos erros.

Hoje, queremos nos comprometer a ser novas criaturas em Ti. Pedimos que nos transformes de dentro para fora, purificando nossos corações e renovando nossas mentes. Que possamos abandonar os velhos padrões de vida que nos afastam de Ti e abraçar uma vida que reflita Teus princípios e valores.

À medida que buscamos ser novas criaturas, que o poder do Espírito Santo nos capacite a viver uma vida de amor, santidade e justiça. Em nome de Jesus.

Amém.

PROPÓSITO

Nos próximos dias, nosso propósito é buscar uma transformação interior e exterior pelo poder do Espírito Santo, para sermos verdadeiramente novas criaturas em Cristo.

Vamos começar por examinar nossas vidas e identificar áreas em que ainda estamos agindo de acordo com padrões mundanos, pecados ou hábitos prejudiciais.

Em seguida, vamos nos dedicar à oração e ao estudo da Palavra de Deus, permitindo que o Espírito Santo trabalhe em nós para nos purificar e renovar.

AFIRMAÇÃO DE FÉ

Declaro que sou uma nova criatura em Cristo. Creio que, por meio de minha fé, o Espírito Santo habita em mim, capacitando-me a viver segundo a vontade de Deus. Escolho ser guiado pelo Espírito Santo, deixando para trás o passado e abraçando a vida em Cristo. Confio na Sua capacitação para viver uma vida cheia de amor, alegria e santidade.
Amém.

33

Com a ajuda de Deus, aprenderei a ver o lado positivo das críticas

Quem der atenção às repreensões salutares habitará entre os sábios. O que rejeita a correção faz pouco caso de sua vida; quem ouve a repreensão adquire sabedoria.

Provérbios 15, 31-32

MEDITAÇÃO

Esse versículo de Provérbios nos ensina a importância de aceitar a repreensão e a correção em nossas vidas. O cristão deve cultivar a humildade para reconhecer que não é perfeito e que as críticas têm seu lado positivo. Embora as críticas possam ser difíceis de ouvir, quando as recebemos com humildade podemos aprender e crescer.

Muitas vezes, Deus usa as críticas construtivas para nos direcionar no caminho certo e nos ajudar a evitar erros futuros.

Buscar a orientação do Espírito Santo para discernir a intenção por trás da crítica é essencial.

Portanto, o cristão lida com as críticas com humildade, amor e discernimento, buscando aprender e crescer, respondendo com bondade e evitando ressentimento, enquanto mantém o foco na aprovação de Deus e busca a reconciliação quando necessário e possível.

ORAÇÃO

Querido Deus,

Hoje, venho diante de Ti com o coração aberto e disposto a aprender a encontrar o lado positivo das críticas. Reconheço que, muitas vezes, as críticas podem ser dolorosas e desafiadoras, mas desejo ser alguém que cresce e se aperfeiçoa por meio delas.

Ajuda-me, Senhor, a receber críticas com humildade e discernimento. Dá-me a capacidade de distinguir entre críticas construtivas com a intenção de me ajudar, e críticas destrutivas com a intenção de me prejudicar.

Quando eu receber críticas construtivas, ajuda-me a não reagir defensivamente, mas a ouvir atentamente e considerar como posso melhorar. Capacita-me a não levar as críticas para o lado pessoal, mas a vê-las como oportunidades de crescimento.

Além disso, Senhor, dá-me sabedoria para discernir quando as críticas não são construtivas e quando devo ignorá-las.

Protege meu coração da negatividade e do orgulho que podem surgir em resposta a críticas injustas.

Que, com Tua ajuda, eu possa aplicar os princípios da correção e repreensão em minha vida, buscando constantemente a melhoria e o crescimento. Que eu possa ser alguém que aceita a repreensão e, assim, encontre a vida em abundância que Tu tens para mim. Em nome de Jesus.

Amém.

PROPÓSITO

Autoavaliação: Dedique tempo para refletir sobre sua reação às críticas que recebeu no passado. Identifique áreas em que você pode melhorar sua resposta às críticas construtivas.

Ouça atentamente: Quando receber críticas, pratique a arte de ouvir atentamente antes de responder. Evite reações defensivas e, em vez disso, faça perguntas para esclarecer os pontos levantados.

Aplique as lições: Após receber críticas construtivas, tome medidas para aplicar as lições aprendidas em sua vida. Demonstre com ações que você está comprometido com o crescimento e a melhoria.

Reconheça as bênçãos: Lembre-se de que as críticas construtivas podem ser bênçãos disfarçadas. À medida que você cresce e melhora, reconheça e agradeça a Deus pelas oportunidades de aprendizado.

Pratique a humildade: Cultive uma atitude de humildade em relação às críticas. Lembre-se de que ninguém é perfeito, e todos têm áreas em que podem crescer.

AFIRMAÇÃO DE FÉ

Declaro que escolho enxergar o lado positivo das críticas. Creio que elas podem ser oportunidades para o meu crescimento e aprimoramento. Escolho não me abalar emocionalmente diante delas, mas, ao contrário, mantendo a confiança em Deus, recebo-as com humildade e discernimento. Confio que, com a ajuda de Deus, posso lidar com as críticas de forma construtiva e manter minha paz interior.
Amém.

34

Com a ajuda de Deus, no final de cada dia, farei um exame de consciência

Sondai-me, Senhor, para conhecer meu coração; provai-me e conhecei meus pensamentos. Vede se ando na senda do mal, e conduzi-me pelo caminho da eternidade.

Salmo 138, 23-24

MEDITAÇÃO

Nesses versos do Salmo 138, o salmista Davi nos convida a abrir nosso coração diante de Deus e permitir que Ele sonde nossos pensamentos e ações. O exame de consciência diário é uma prática valiosa para avaliar nossas atitudes, buscar arrependimento e orientação divina. Deus está pronto para nos guiar em Seu caminho eterno.

O exame de consciência diário não é um exercício de autocondenação, mas uma prática de autoconhecimento, crescimento espiritual e reconciliação com Deus e, quando necessário, com o próximo. É uma maneira de cultivar uma consciência cristã e uma vida mais fiel aos ensinamentos de Jesus.

ORAÇÃO

Querido Deus,

Hoje, venho diante de Ti com um coração humilde e disposto a realizar um exame de consciência diário. Reconheço que, muitas vezes, posso me desviar de Teu caminho e cometer erros. No entanto, desejo crescer em Tua graça e seguir Teus caminhos.

Ajuda-me, Senhor, a abrir meu coração e permitir que Tua luz ilumine minhas ações e pensamentos. Sonda-me, ó Deus, e conhece meu coração. Revela-me qualquer inquietação, pecado ou atitude que possa te ofender.

Concede-me a humildade para reconhecer meus erros e a coragem para buscar o arrependimento. Guia-me, Senhor, pelo caminho eterno, para que eu possa viver de acordo com os Teus mandamentos e propósitos.

À medida que faço esse exame de consciência diário, ajuda-me a não cair na armadilha da autocrítica excessiva, mas a confiar na Tua graça perdoadora. Que cada momento de reflexão seja uma oportunidade de crescimento espiritual e de aproximação de Ti.

Em nome de Jesus.

Amém.

PROPÓSITO

Escolha um horário: Determine um horário específico no final de cada dia para realizar seu exame de consciência. Pode ser antes de dormir ou em outro momento tranquilo.

Autoavaliação: Reflita sobre as ações, palavras e pensamentos do dia. Pergunte a si mesmo se houve momentos em que você agiu de maneira contrária aos ensinamentos de Deus.

Confissão e arrependimento: Se identificar pecados ou atitudes que desagradaram a Deus, confesse-os sinceramente e peça perdão. Lembre-se de que Deus é misericordioso e perdoador.

Gratidão: Além de reconhecer seus erros, agradeça a Deus pelas bênçãos e momentos de graça que experimentou durante o dia.

Oração por orientação: Termine seu exame de consciência diário com uma oração pedindo a orientação de Deus para o dia seguinte.

AFIRMAÇÃO DE FÉ

Declaro que abro meu coração diante de Deus, buscando Sua orientação para o exame de consciência. Creio que, ao permitir que o Espírito Santo ilumine as áreas que necessitam de transformação, serei moldado à imagem de Cristo. Escolho enfrentar minhas fraquezas com coragem e humildade, confiando que o auxílio divino me guiará no caminho da santidade. Amém.

35

Com a ajuda de Deus, a cada dia andarei na Sua presença

O Senhor é justo em seus caminhos, e santo em tudo o que faz. O Senhor se aproxima dos que o invocam, daqueles que o invocam com sinceridade.

Salmo 144, 17-18

MEDITAÇÃO

Caminhar com Deus é aceitar o convite de fazer companhia a Ele. À medida que intencionalmente fazemos companhia ao nosso Salvador, tornamo-nos mais conscientes de Sua presença e aprendemos a seguir o ritmo do Seu amor.

Quando escolhemos andar diariamente com Deus, experimentamos Sua alegria, direção e paz em nossas vidas. Ele nos guia pelos caminhos e nos enche com Sua presença constante, que é fonte inesgotável de alegria e satisfação. Significa viver Deus com a certeza de que Ele está presente em tudo.

Procuramos métodos para aprender amar a Deus e talvez o mais simples e melhor é fazer tudo por amor a Deus, usando as ações do nosso dia para demonstrar o desejo de estar unidos a Ele. Assim, cada um no seu estado de vida, encontra Deus na atividade que realiza a cada dia.

ORAÇÃO

Querido Deus,

Hoje, venho diante de Ti com desejo sincero de andar na Tua presença a cada dia. Reconheço que, muitas vezes, permito que as distrações e preocupações da vida me afastem de Ti. No entanto, desejo fazer de Ti a prioridade em minha jornada diária.

Ajuda-me, Senhor, a conhecer o caminho da vida que Tu tens para mim. Guia-me em cada passo do caminho, para que eu possa viver de acordo com a Tua vontade. Que a alegria plena da Tua presença seja o meu tesouro mais valioso, e que eu encontre eterno prazer em estar à Tua direita.

À medida que ando na Tua presença, peço que Tu me capacites a viver de forma santa e justa. Que a Tua presença constante me ajude a resistir às tentações e a enfrentar os desafios da vida com coragem e fé.

Senhor, que cada dia seja uma jornada de proximidade contigo. Capacita-me a orar, a meditar na Tua Palavra e a buscar a comunhão contigo de maneira constante. Que a Tua presença seja o farol que ilumina o meu caminho. Em nome de Jesus.

Amém.

PROPÓSITO

Tempo de comunhão diária: Reserve um momento específico todos os dias para buscar a presença de Deus. Isso pode ser por meio da oração, leitura da Bíblia e meditação.

Gratidão diária: Comece ou termine o seu dia agradecendo a Deus pela Sua presença em sua vida. Reconheça os momentos em que você sentiu a Sua proximidade.

Adoração contínua: Mantenha uma atitude de adoração ao longo do dia, reconhecendo a certeza da presença Deus em todas as circunstâncias.

Resistência às distrações: Esteja consciente das distrações que podem afastar você da presença de Deus.

Compartilhe a Sua alegria: Compartilhe a alegria da presença de Deus com outros, seja por meio de palavras de encorajamento e de ações bondosas.

AFIRMAÇÃO DE FÉ

Declaro que desejo aprender a andar na presença de Deus. Creio que o Senhor está perto daqueles que O invocam com sinceridade. Escolho conscientemente buscar Sua presença em todos os momentos de minha vida, confiando que Sua orientação e amor me guiarão em cada passo do caminho. Amém.

36

Com a ajuda de Deus, buscarei para minha família os mesmos sentimentos da Sagrada Família

Em seguida, desceu com eles a Nazaré e lhes era submisso. Sua mãe guardava todas essas coisas no seu coração. E Jesus crescia em estatura, em sabedoria e graça, diante de Deus e dos homens.

Lucas 2, 51-52

MEDITAÇÃO

O relato da Sagrada Família nos oferece uma visão inspiradora de uma família que viveu em obediência a Deus e em amor uns pelos outros. Mesmo diante de desafios e incertezas, eles confiaram na Providência divina. O versículo nos mostra como Jesus cresceu em sabedoria, estatura e graça, demonstrando a importância de buscar o crescimento espiritual e a maturidade em nossa jornada familiar.

A Sagrada Família, composta por Jesus, Maria e José, serve como modelo atemporal para todas as famílias, independentemente de crenças religiosas. A meditação sobre essa sagrada unidade familiar nos lembra da importância do amor, respeito e da comunicação dentro de nossos próprios lares.

Em um mundo repleto de distrações, a Sagrada Família nos convida a refletir sobre a simplicidade e a profundidade das relações familiares. O amor entre Maria e José exemplifica o respeito e a confiança mútua, enquanto o cuidado deles por Jesus demonstra a importância de proteger e orientar os filhos.

Além disso, a família de Nazaré enfrentou desafios e incertezas, como a fuga para o Egito. Essa experiência ensina a importância da solidariedade e do apoio mútuo diante das adversidades.

A Sagrada Família também nos recorda que a espiritualidade e a fé podem ser âncoras poderosas em nossas vidas familiares, fornecendo orientação e significado. Da mesma forma, a educação e o desenvolvimento pessoal devem ser valores fundamentais.

Avaliação do relacionamento familiar

- Como sua família vive a fé em Deus na vida diária?
- Que práticas espirituais, como a oração em conjunto (por exemplo o terço) ou a leitura da Bíblia, são parte da vida familiar?

- Como sua família busca manter Deus no centro de suas decisões e ações?
- Qual é o lugar da Igreja em sua vida familiar?
- Como sua família enfrenta desafios e dificuldades à luz da fé em Deus?
- Como vocês estão envolvidos nas atividades de serviço da Igreja na evangelização e caridade como família, em resposta à sua fé?
- De que maneira vocês expressam amor e cuidado uns pelos outros, inspirados pelos ensinamentos religiosos?
- Como sua família lida com conflitos e busca a reconciliação com base nos princípios da fé?

ORAÇÃO

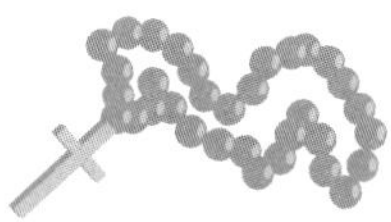

Querido Deus,

Hoje, venho diante de Ti com um desejo sincero de viver os mesmos sentimentos de amor, obediência e confiança que a Sagrada Família viveu. Reconheço que a vida em família pode ser desafiadora, mas desejo buscar Tua orientação e graça para enfrentar cada desafio com fé.

Ajuda-me, Senhor, a ser obediente aos Teus mandamentos, assim como Jesus foi obediente a José e Maria. Que eu possa aprender a ouvir, entender e honrar as autoridades e os relacionamentos em minha própria família.

Assim como Maria guardava todas as coisas em seu coração, ensina-me a ponderar e refletir sobre os momentos preciosos e as lições que a vida em família proporciona. Que eu possa aprender com cada experiência e crescer em sabedoria, graça e amor.

Capacita-me a amar minha família com o mesmo amor que a Sagrada Família compartilhava. Que eu seja um exemplo de carinho, paciência e apoio, fortalecendo os laços familiares em Tua graça.

Senhor, como Jesus cresceu diante de Deus e dos homens, também desejo crescer espiritualmente e ser uma bênção em minha família e na sociedade em que vivo. Em nome de Jesus. Amém.

PROPÓSITO

Tempo de reflexão: Reserve momentos diários para refletir sobre a obediência, o amor e a confiança na Sagrada Família e como esses princípios podem ser aplicados em sua própria família.

Tempo em família: Dedique tempo de qualidade à sua família. Compartilhe momentos e crie lembranças especiais.

Oração em família: Ore com sua família, pedindo a orientação e a bênção de Deus para cada membro da casa.

Aprender com a palavra: Estude a Bíblia em família. Procure passagens que ensinem princípios de amor, respeito e obediência.

Serviço à comunidade: Encoraje sua família a se envolver em projetos de serviço comunitário da Igreja, como uma forma de demonstrar amor ao próximo.

AFIRMAÇÃO DE FÉ

Declaro que desejo construir minha família seguindo o exemplo da Sagrada Família. Creio que, ao cultivar os sentimentos de amor, respeito, obediência e humildade, estou contribuindo para um lar abençoado por Deus. Escolho aprender com o exemplo de Jesus, Maria e José, confiando que a presença divina fortalecerá nossos laços familiares.
Amém.

37

Com a ajuda de Deus, buscarei a cura para o relacionamento conjugal (marido/esposa)

A caridade é paciente, a caridade é bondosa. Não tem inveja. A caridade não é orgulhosa. Não é arrogante. Nem escandalosa. Não busca os próprios interesses, não se irrita, não guarda rancor. Não se alegra com a injustiça, mas se rejubila com a verdade. Tudo desculpa, tudo crê, tudo espera, tudo suporta.

1 Coríntios 13, 4-7

MEDITAÇÃO

Esse trecho da Bíblia, encontrado em 1 Coríntios 13, é conhecido como o hino ao amor. Ele descreve as características essenciais do amor verdadeiro, que inclui a paciência, a bondade, o perdão e a perseverança. Quando se trata do relacionamento entre marido e esposa, cultivar esses atributos é fundamental para a cura e a restauração.

Essa passagem nos lembra que o amor é a base de um casamento saudável e duradouro. Ele requer paciência, bondade, humildade, perdão e compromisso. Quando marido e esposa se esforçam para praticar esses princípios, estão construindo um relacionamento sólido e amoroso, que honra a Deus e enriquece suas vidas. É um lembrete de que, no casamento, o amor é a chave para enfrentar todos os desafios e celebrar todas as alegrias juntos.

Uma avaliação conjugal

- Vocês têm uma compreensão clara do propósito do casamento conforme ensinado na Bíblia?
- Como está a vida espiritual de vocês como casal?
- Vocês se sentem ouvidos e compreendidos um pelo outro? Como podem melhorar a comunicação?
- Como lidam com conflitos e desentendimentos? Buscam a reconciliação e o perdão?
- O que podem fazer para fortalecer a conexão emocional e a intimidade?
- Vocês expressam gratidão um pelo outro e celebram os momentos de alegria em seu casamento?

ORAÇÃO

Querido Deus,

Hoje, venho diante de Ti com um coração que anseia por cura e restauração em meu relacionamento com meu cônjuge. Reconheço que os desafios e as feridas podem ter nos afetado, mas estou confiante de que, com a Tua ajuda, podemos encontrar a cura.

Ajuda-nos, Senhor, a praticar o amor que é paciente e bondoso. Que possamos ser pacientes um com o outro enquanto trabalhamos em nossos problemas e feridas. Capacita-nos a mostrar bondade e compaixão, mesmo quando nos sentirmos magoados ou frustrados.

Peço que Tua presença esteja no centro do nosso relacionamento, guiando-nos em direção à reconciliação e à unidade. Que possamos aprender a perdoar, assim como Tu nos perdoaste. Ajuda-nos a deixar de lado qualquer ressentimento e a buscar a paz que só Tu podes oferecer.

Senhor, concede-nos a sabedoria para ouvir um ao outro com empatia e compreensão. Que possamos comunicar nossos sentimentos e necessidades de maneira respeitosa e amorosa. Dá-nos a humildade para reconhecer nossos próprios erros e a disposição para mudar e crescer.

Além disso, Senhor, peço que fortaleças nossa fé em Ti. Que possamos confiar que, contigo, todas as coisas são possíveis, inclusive a cura de nosso relacionamento. Ajuda-nos a crer que, com o Teu amor, podemos superar qualquer desafio. Em nome de Jesus, nosso Salvador e exemplo de amor.

Amém.

PROPÓSITO

Tempo a sós: Dediquem tempo a sós como casal regularmente, para conversar e se reconectar emocionalmente.

Estudo da Palavra: Leiam e estudem juntos passagens bíblicas sobre o amor e o perdão, buscando aplicar esses princípios em seu relacionamento.

Aconselhamento profissional: Considere buscar a orientação de um conselheiro ou terapeuta conjugal, se necessário, para ajudar a enfrentar desafios mais profundos.

Atos de amor: Façam um esforço consciente para demonstrar amor por meio de atos de bondade e serviço um ao outro.

Oração conjunta: Orem juntos, buscando a orientação e a intervenção de Deus diariamente em seu relacionamento.

Com a ajuda de Deus e um compromisso mútuo com o amor, o perdão e a paciência, é possível buscar a cura e a restauração no relacionamento marido e esposa. Lembre-se de que o amor verdadeiro é um compromisso constante de crescimento e aperfeiçoamento mútuo.

AFIRMAÇÃO DE FÉ

Declaro que em nosso relacionamento conjugal buscaremos o amor genuíno, recebido de Deus. Nele seremos pacientes, bondosos, não invejosos nem orgulhosos. Não nos comportaremos de forma rude, egoísta, nem facilmente iremos nos irritar. Não guardaremos ressentimentos, mas nos regozijaremos com a verdade. Em todas as circunstâncias, confiaremos, esperaremos e perseveraremos juntos, pois nosso amor é verdadeiro e duradouro.
Amém.

38

Com a ajuda de Deus, buscarei todos os dias a força do Espírito Santo

Se vós, que sois maus, sabeis dar boas coisas aos vossos filhos, quanto mais o Pai celestial dará o Espírito Santo aos que lho pedirem!

Lucas 11, 13

MEDITAÇÃO

Esse versículo nos lembra da generosidade do Pai Celestial em dar o Espírito Santo aos que O buscam. O Espírito Santo é a fonte de poder, sabedoria e consolo para a jornada da fé. Ao buscar diariamente esse dom, somos fortalecidos em nossa caminhada espiritual. Estar cheio do Espírito Santo é essencial para a vida cristã. É um processo contínuo de busca e rendição a Deus, permitindo que o Espírito Santo tenha total controle em nossas vidas. Quando vivemos em plenitude do Espírito, experimentamos o poder transformador de Deus e somos capacitados a viver de acordo com Seus propósitos e planos. O Espírito Santo nos ajuda a entender as Escrituras, discernir a vontade de Deus e tomar decisões sábias em nossas vidas. Ele nos concede poder espiritual para enfrentar desafios, vencer tentações e realizar a obra de Deus. E, por fim, o Espírito Santo nos capacita a compartilhar o evangelho e testemunhar Cristo com poder e autoridade.

ORAÇÃO

Querido Pai Celestial,

Agradeço por Tua promessa de nos dar o Espírito Santo quando O buscamos. Reconheço a minha necessidade desse poderoso auxílio em minha jornada de fé. Peço, com humildade, que o Espírito Santo guie cada passo que dou, iluminando minha mente e inflamando meu coração com Tua verdade.

Concede-me, ó Deus, a força para enfrentar os desafios que surgirem em meu caminho. Que o Espírito Santo me capacite a viver uma vida que reflita Teu amor, Tua sabedoria e Tua graça. Que Ele seja minha bússola, orientando-me em cada decisão e ação.

Dá-me, Senhor, a coragem para testemunhar Tua presença em minha vida, compartilhando o amor de Cristo com o mundo ao redor. Que o Espírito Santo me capacite a ser um instrumento de Tua paz e reconciliação.

Além disso, Senhor, ajuda-me a ouvir a voz suave do Espírito Santo, que me guia nos momentos de incerteza e me consola nos momentos de tristeza. Que Sua presença seja uma fonte constante de consolo e encorajamento.

Em nome de Jesus.

Amém.

PROPÓSITO

Momentos de silêncio e reflexão: Reserve tempo diariamente para buscar a presença de Deus em silêncio, convidando o Espírito Santo a falar ao seu coração.

Leitura e meditação nas Escrituras: Permita que o Espírito Santo fale com você por meio da Palavra de Deus, buscando discernimento e aplicação prática em sua vida.

Oração pelo enchimento do Espírito Santo: Diariamente, ore para ser cheio do Espírito Santo, pedindo Sua orientação e poder em cada aspecto de sua vida.

Atos de bondade e serviço: Permita que o Espírito Santo o guie em ações de amor e serviço ao próximo, sendo um reflexo do amor de Cristo.

Ao buscar diariamente a força do Espírito Santo, você se abrirá para uma jornada de fé profundamente enriquecedora e transformadora. Que o Espírito Santo seja seu guia constante, capacitando-o a viver uma vida que glorifica a Deus em tudo o que faz.

Amém.

AFIRMAÇÃO DE FÉ

Abro meu coração e minha mente para ser inundado pela luz, amor e sabedoria do Espírito Santo. Desejo viver guiado pelo Espírito, permitindo que Sua força transformadora me capacite a viver uma vida de amor, compaixão e serviço aos outros. Creio que, ao estar cheio do Espírito Santo, serei fortalecido em minha fé, capacitado para enfrentar desafios e guiado em direção à plenitude da vida que Deus deseja para mim.
Amém.

39

Com a ajuda de Deus, produzirei o fruto do Espírito

Ao contrário, o fruto do Espírito é caridade, alegria, paz, paciência, afabilidade, bondade, fidelidade, brandura, temperança.

Gálatas 5, 22-23

MEDITAÇÃO

Esses versículos destacam o belo fruto que o Espírito Santo produz na vida daqueles que andam em comunhão com Ele. Cada um desses atributos — caridade, alegria, paz, paciência, afabilidade, bondade, fidelidade, brandura, temperança — representa a natureza de Cristo que o Espírito deseja cultivar em nós, contrastando com as obras da carne. Com a ajuda de Deus, podemos buscar ativamente produzir esse fruto em nossas vidas.

Ao meditar sobre esses frutos, somos convidados a cultivá-los em nossas próprias vidas. O amor (caridade) é a base, o fundamento de todos os outros frutos. É a essência do cristianismo, o amor que Deus tem por nós e que devemos compartilhar com os outros.

A "alegria" e a "paz" são estados de espírito que emanam do amor e da confiança em Deus, independentemente das circunstâncias. Elas nos guiam em direção a uma vida equilibrada e serena.

A "paciência" e a "afabilidade" nos ensinam a suportar as dificuldades e a tratar os outros com compaixão e gentileza, mesmo em momentos desafiadores.

"Bondade", "fidelidade" e "brandura" refletem o caráter de Cristo, encorajando-nos a ser leais em nossos relacionamentos e a agir com humildade e generosidade.

"Temperança" é a capacidade de exercer controle sobre nossos impulsos e desejos, buscando viver de acordo com os princípios de Deus.

ORAÇÃO

Querido Pai Celestial,

Hoje, humildemente, venho diante de Ti reconhecendo minha necessidade desesperada de Tua ajuda para produzir o fruto do Espírito em minha vida. Anseio manifestar mais amor, alegria, paz e todas as outras virtudes que o Espírito Santo deseja cultivar em meu coração.

Peço ao Espírito Santo que habite em mim mais plenamente. Que Ele me preencha com Seu amor divino, alegria inabalável e paz que transcende todo entendimento. Capacita-me, Senhor, a ser paciente em meio às adversidades, a demonstrar benignidade e bondade aos outros, e a ser fiel em todas as circunstâncias.

Que o Espírito Santo me torne manso na abordagem com os outros e me dê continência em relação aos desejos da carne. Que eu possa viver de tal forma que Tua natureza seja evidente em minha vida diária.

Ajuda-me a reconhecer e abandonar as obras da carne, buscando viver em obediência aos Teus mandamentos e à orientação do Espírito Santo. Concede-me a graça de resistir às tentações que me afastam de produzir o fruto do Espírito. Em nome de Jesus.

Amém.

PROPÓSITO

Estudo da Palavra: Estude as Escrituras para entender mais profundamente o significado de cada um dos frutos do Espírito e como aplicá-los em sua vida.

Oração diária: Reserve tempo para orar diariamente, pedindo ao Espírito Santo que o capacite a manifestar Seu fruto.

Autoexame regular: Faça uma reflexão diária sobre como você manifestou ou deixou de manifestar o fruto do Espírito em suas ações.

Compromisso: Escolha uma virtude do fruto do Espírito para focar em cada semana e trabalhe ativamente para incorporá-la em sua vida.

Compartilhar o amor de Cristo: Procure oportunidades para demonstrar o amor de Cristo aos outros por meio de ações e palavras.

AFIRMAÇÃO DE FÉ

Em nome do Pai, do Filho e do Espírito Santo, eu afirmo minha fé na presença e na obra transformadora do Espírito Santo em minha vida. Abro meu coração para receber os frutos do Espírito – caridade, alegria, paz, paciência, afabilidade, bondade, fidelidade, brandura, temperança. Creio que, ao cultivar e manifestar esses frutos em minha vida, serei uma testemunha viva do poder do Espírito Santo.
Amém.

40

Com a ajuda de Deus, buscarei a libertação das obras da carne

Ora, as obras da carne são estas: fornicação, impureza, libertinagem, idolatria, superstição, inimizades, brigas, ciúmes, ódio, ambição, discórdias, partidos, invejas, bebedeiras, orgias e outras coisas semelhantes. Dessas coisas vos previno, como já vos preveni: os que as praticarem não herdarão o Reino de Deus!

Gálatas 5, 19-21

MEDITAÇÃO

A meditação sobre as obras da carne em Gálatas 5 nos desafia a avaliar nossas vidas e a buscar uma transformação interior. Ela nos convida a reconhecer áreas em que podemos estar nos desviando da vontade de Deus e a buscar Sua ajuda para viver de acordo com os princípios divinos.

Fornicação e libertinagem: Diz respeito às várias formas de atividade sexual fora do casamento, incluindo o adultério (envolvimento sexual de uma pessoa casada com alguém que não é seu cônjuge), a prostituição...

Impureza: A impureza inclui a contaminação da mente e do corpo com pensamentos e ações pecaminosas.

Idolatria: A idolatria não se limita à adoração de ídolos, mas também pode envolver a busca obsessiva de prazeres terrenos e a colocação de qualquer coisa acima de Deus em nossas vidas. Refletir sobre isso nos lembra a necessidade de manter Deus como nossa prioridade.

Superstição: É a crença de que com certas práticas podemos influenciar ou determinar o curso das coisas. Isso pode incluir práticas como o uso de amuletos, rituais para evitar má sorte, ou a atribuição de significados especiais a certos eventos ou objetos.

Inimizades, brigas, ciúmes, ódio, ambição, discórdias, partidos: Essas palavras refletem conflitos e divisões que podem ocorrer nas relações humanas. A meditação nos desafia a buscar a reconciliação, a paz e a unidade em nossas relações com os outros.

Inveja: A inveja nos lembra da importância de cultivar a gratidão e o contentamento em nossas vidas, evitando a amargura e o ressentimento.

Bebedeiras, orgias: Essas obras da carne destacam a importância da temperança e da moderação em relação ao consumo de alimentos e bebidas, hábitos e costumes. Meditar sobre isso nos incentiva a cuidar de nosso corpo como um templo de Deus.

ORAÇÃO

Amado Deus,

Venho diante de Ti com um coração humilde, reconhecendo a necessidade de Tua ajuda para me libertar das obras da carne. Conceda-me a força e a determinação para abandonar os padrões de comportamento que estão em desacordo com Tua vontade.

Senhor, sei que sozinho sou fraco, mas contigo tudo é possível. Imploro que o Teu Espírito Santo me capacite a resistir às tentações e a escolher o caminho da retidão. Concede-me discernimento para reconhecer quando estou sendo influenciado pelas obras da carne e orienta-me na direção da santidade.

Peço, Senhor, que purifiques meu coração e minha mente, libertando-me das impurezas e dos desejos egoístas. Que eu seja um vaso de honra, pronto para ser usado por Ti para a glória do Teu nome. Em nome de Jesus.

Amém.

PROPÓSITO

Estudo da Palavra: Dedique tempo à leitura e à meditação nas Escrituras, buscando compreender mais profundamente a vontade de Deus e os padrões de comportamento que Ele deseja para sua vida.

Autoexame diário: Regularmente, examine seus pensamentos, palavras e ações à luz dos ensinamentos bíblicos, identificando áreas em que precisa buscar libertação das obras da carne.

Oração por força e discernimento: Peça a Deus diariamente por força para resistir às tentações e discernimento para fazer escolhas que estejam em linha com Sua vontade.

Foco na transformação: Mantenha a mente e o coração centrados na busca pela conformidade com a imagem de Cristo, confiando que Deus está trabalhando em você para produzir frutos dignos de arrependimento.

AFIRMAÇÃO DE FÉ

Em nome do Pai, do Filho e do Espírito Santo, eu afirmo minha fé na vitória sobre as obras da carne. Creio que, por meio do poder do Espírito Santo, sou capaz de vencer as tentações e os impulsos que buscam desviar-me do caminho da retidão. Confio que, a cada passo, o Espírito Santo me capacita a fazer escolhas que honrem a Deus e edifiquem a minha vida e a vida daqueles ao meu redor. Em Cristo, sou livre para viver uma vida de retidão e santidade.
Amém.

41

Com a ajuda de Deus, buscarei a comunhão com a Igreja

E perseveravam na doutrina dos apóstolos e na comunhão, no partir do pão e nas orações. Em cada alma havia temor; e muitos prodígios e sinais eram feitos por intermédio dos apóstolos. Todos os que creram estavam juntos e tinham tudo em comum.

Atos 2, 42-44

MEDITAÇÃO

O texto de Atos 2, 42-44 nos transporta aos primeiros dias da igreja primitiva, imediatamente após o derramamento do Espírito Santo em Pentecostes. É um retrato inspirador da comunhão e da unidade que os primeiros cristãos experimentaram sob a influência transformadora do Espírito Santo.

Doutrina dos apóstolos: Os primeiros cristãos eram dedicados ao ensinamento dos apóstolos sobre a Palavra de Deus. Eles estavam ansiosos para aprender mais sobre a mensagem de

Jesus e como aplicá-la em suas vidas. Isso nos lembra a importância de estudar e crescer na compreensão da Palavra de Deus.

Comunhão e o partir do pão: A comunhão de vida, testemunhada pelo gesto de estarem sempre reunidos, ensina que não há salvação sem a vida em comum como membros do Corpo de Cristo – a Igreja. O partir do pão, um dos primeiros nomes dados à Eucaristia, desde o início da Igreja, se tornou central na vida cristã. Por quê? Celebramos a presença de Cristo, como Ele desejou na última Ceia — "fazei isto em memória de mim", renovando o efeito sacrifício da cruz.

Oração: A oração era uma parte essencial da vida da igreja. Eles buscavam a Deus juntos, intercediam uns pelos outros e viam a resposta às suas orações em milagres e sinais. Isso nos lembra da importância da oração coletiva e persistente em nossa caminhada de fé.

Unidade e generosidade: Os primeiros cristãos compartilhavam tudo em comum e cuidavam uns dos outros. A unidade e a generosidade eram evidentes em sua comunidade. Isso ilustra como o Espírito Santo pode transformar relacionamentos e criar uma cultura de amor e cuidado mútuo.

ORAÇÃO

Querido Deus,

Olhamos para a igreja primitiva com admiração e inspiração. Vemos como o Espírito Santo os uniu em comunhão, fortaleceu-os na doutrina dos apóstolos, e os capacitou a testemunhar com poder. Pedimos que o mesmo Espírito Santo que operou naquela época também esteja em nossa vida hoje.

Que possamos buscar a Tua Palavra com empenho, aprofundar nossa comunhão uns com os outros e comungar com reverência a Eucaristia. Que a oração seja uma parte vital de nossas vidas, e que vivamos em unidade e generosidade com nossos irmãos e irmãs na fé.

Senhor, capacita-nos a compartilhar nossa fé com o mundo ao nosso redor. Que nossas vidas e nosso testemunho sejam um reflexo do amor e do poder do Espírito Santo. Que possamos perseverar na fé, assim como fizeram os primeiros cristãos, confiantes de que o mesmo Espírito que estava com eles está conosco hoje. Em nome de Jesus.

Amém.

PROPÓSITO

Estudo da Palavra e doutrina da Igreja: Dedique tempo diariamente para estudar as Escrituras e o Catecismo da Igreja Católica, aprofundando a compreensão da mensagem de Cristo.

Comunhão e Eucaristia: Não existe verdadeiro cristão sem Eucaristia. O domingo, dia que Jesus ressuscitou, tornou-se nossa Páscoa semanal. Façamos nosso o lema: "Não podemos viver sem a celebração dominical da Eucaristia".

Unidade e generosidade: Na medida do possível, envolva-se nas atividades da Igreja, seja em algum trabalho específico, seja também nos momentos de oração.

Testemunho de fé: Esteja atento às oportunidades de compartilhar a fé com amor e ousadia, confiando na orientação e no poder do Espírito Santo.

AFIRMAÇÃO DE FÉ

Buscarei a comunhão com a Igreja, seguindo seus ensinamentos, sempre em unidade com meus irmãos e irmãs na fé, dedicando-me à participação na Eucaristia e à oração constante. Com a ajuda de Deus, serei um membro ativo e fiel da Igreja, fortalecendo a fé e testemunhando o amor de Deus. Amém.

42

Com a ajuda de Deus, manterei viva a minha fé, alimentando-me da Eucaristia

Eu recebi do Senhor o que vos transmiti: que o Senhor Jesus, na noite em que foi traído, tomou o pão, depois de ter dado graças, partiu-o e disse: "Isto é o meu corpo, que é entregue por vós; fazei isto em memória de mim". Do mesmo modo, depois de haver ceado, tomou também o cálice, dizendo: "Este cálice é a Nova Aliança no meu sangue; todas as vezes que o beberdes, fazei-o em memória de mim".

1 Coríntios 11, 23-25

MEDITAÇÃO

A Eucaristia é o coração da vida espiritual de todo cristão. Na última Ceia, Jesus revelou esse sentido sobrenatural ao dizer: "Isto é Meu Corpo" – "Isto é Meu Sangue". Essas palavras nos indicam que a Eucaristia é o meio mais excelente para encontrar Jesus de modo real e íntimo. Ele se oferece como alimento e remédio da nossa fé. Aí estão presentes todos os efeitos de cura para o espírito, alma e corpo.

Não se trata de um simples ritual, pois ao dizer também "fazei isto em memória de mim", Ele queria que, recebendo o Seu Corpo e Seu Sangue, pudéssemos lembrar-nos sempre Dele, morto e ressuscitado por amor a nós. Trata-se de uma lembrança que nos dá o que Jesus oferece: Ele próprio. Não só recordamos o que foi feito na última ceia, mas recebemos o que isso significa. Para manter viva essa lembrança e verdadeiramente receber os benefícios contínuos de Sua presença e do sacrifício da cruz, a nossa participação deve ser assídua.

Na Eucaristia celebramos a memória do amor de Jesus, experimentamos esse amor sempre presente de modo tão forte, que nos tornamos gratos. A gratidão brota do interior do coração, pela consciência do que recebemos: o Corpo de Cristo. Não é somente alguma coisa, mas é Jesus Cristo mesmo que se doa e deseja unir-se a nós. Assim foi desde o início da Igreja. Mesmo em momentos de perseguição, diante da possibilidade de serem condenados à morte, os primeiros cristãos afirmavam: "Sem a Eucaristia dominical não podemos viver".

ORAÇÃO

Senhor Jesus,

Venho a Ti com um coração cheio de gratidão pela dádiva preciosa da Eucaristia. Reconheço que, na Eucaristia, Tu estás presente de maneira real e substancial, oferecendo-Te como alimento para a minha alma. És o Pão da Vida, a minha fonte de graça e alegria.

Peço que me concedas a graça de me alimentar assiduamente da Eucaristia. Dá-me um desejo profundo de estar sempre presente na Santa Missa e de receber Teu corpo e sangue com fé e devoção. Ajuda-me a compreender a profundidade desse mistério e a apreciar a riqueza do Teu amor revelado na Eucaristia.

Senhor Jesus, quando me aproximar do altar, permita que o faça com um coração puro e arrependido, pronto para receber-Te dignamente. Que a Eucaristia me fortaleça em minha jornada espiritual, cure minhas fraquezas e me guie no caminho da santidade.

Amém.

PROPÓSITO

Revisão da participação na missa: qual a frequência? Participo ativamente? Cumpro o preceito dominical com alegria ou obrigação?

Compromisso pessoal: Faça um compromisso pessoal e consciente de participar da Eucaristia regularmente. Reconheça a importância desse sacramento em sua vida espiritual.

Preparação espiritual: Antes de participar da Eucaristia, prepare-se espiritualmente com oração e reflexão sobre a leitura do dia.

Participe ativamente: Durante a missa, participe ativamente das orações, das leituras e dos cantos. Esteja presente de corpo e alma, consciente da presença de Cristo na Eucaristia.

AFIRMAÇÃO DE FÉ

Com a ajuda de Deus, manterei viva a minha fé, alimentando-me da Eucaristia. Creio que nela encontro a presença real de Jesus, que é o pão vivo que desceu do céu para dar vida ao mundo. Que esta fé me fortaleça em todos os aspectos de minha jornada espiritual.
Amém.

43

Com a ajuda de Deus, compartilharei a minha fé

Mas descerá sobre vós o Espírito Santo
e vos dará força; e sereis minhas testemunhas
em Jerusalém, em toda a Judeia e Samaria
e até os confins do mundo.

Atos 1, 8

MEDITAÇÃO

Receber poder do Espírito Santo: A primeira parte do versículo enfatiza que os discípulos receberiam poder quando o Espírito Santo descesse sobre eles. Isso nos lembra de que nossa capacidade de ser testemunhas eficazes de Cristo não depende simplesmente de nossa habilidade ou conhecimento, mas da habitação do Espírito Santo em nós. Busque diariamente a presença e o poder do Espírito Santo por meio da oração e da comunhão com Deus.

Ser Minhas testemunhas: Ser testemunha de Cristo significa ser Seu representante, compartilhando Sua mensagem e Seu amor com o mundo. Procure oportunidades em sua vida cotidiana para falar sobre sua fé e o que Cristo significa para você. Seja autêntico e amoroso em suas interações com os outros.

Jerusalém, Judeia, Samaria e confins da Terra: Essas quatro áreas representam uma progressão geográfica, mas também uma progressão em termos de alcance. Jerusalém era a cidade onde estavam, Judeia e Samaria eram regiões vizinhas e os confins da terra eram lugares distantes. Comece compartilhando sua fé em seu círculo imediato (família, amigos, colegas), expandindo para sua comunidade local e, eventualmente, considerando como você pode impactar pessoas em lugares distantes, seja por intermédio do testemunho pessoal ou do apoio às obras de evangelização.

ORAÇÃO

Espírito Santo,

Hoje, venho até Ti humildemente, reconhecendo a minha necessidade de Tua força e orientação para testemunhar a minha fé em Jesus Cristo. Tu és o Consolador, o Guia e o Doador de dons espirituais. Peço que venhas sobre mim neste momento.

Enche-me com Tua presença poderosa e concede-me a coragem para falar do amor de Cristo, para compartilhar Sua mensagem de salvação e para viver de acordo com Seus ensinamentos. Dá-me palavras sábias e um coração compassivo, para que eu possa ser um reflexo autêntico do amor de Jesus.

Liberta-me de todo medo, insegurança ou dúvida que possa me impedir de testemunhar a Tua graça. Dá-me ousadia para falar quando for necessário e sabedoria para discernir os momentos oportunos.

Espírito Santo, sela em meu coração o desejo ardente de levar outras pessoas a conhecerem Cristo. Que a Tua unção esteja sobre mim, capacitando-me a ser uma testemunha viva e eficaz, não apenas com palavras, mas com a minha vida.

Amém.

PROPÓSITO

Testemunho pessoal: Você está compartilhando ativamente sua fé com outras pessoas em seu círculo de influência, como amigos, familiares, colegas de trabalho e vizinhos?

Compromisso com a Igreja: Você está envolvido em atividades de evangelização em sua comunidade local?

Buscar a orientação do Espírito: Antes de falar sobre sua fé, ore para que o Espírito Santo guie suas palavras e ações, e que Ele prepare o coração daqueles que ouvirão.

Viver uma vida coerente: Testemunhe com sua vida. Viva de maneira que sua fé seja evidente em suas ações, atitudes e relacionamentos.

Não temer a rejeição: Lembre-se de que nem todos aceitarão a mensagem, mas compartilhe com amor e respeito, confiando que Deus está trabalhando nos corações.

AFIRMAÇÃO DE FÉ

Com a força do Espírito Santo, serei uma testemunha corajosa de minha fé, compartilhando o amor e a verdade de Jesus Cristo. O Senhor me capacitará a ser uma luz, alcançando os corações com Sua graça e transformando vidas por meio do poder do Evangelho. Em nome do Pai, do Filho e do Espírito Santo.
Amém.

Querido amigo e amiga

Se este livro ajudou você a crescer espiritualmente, mande-me o seu testemunho. Tenha a certeza de que estarei rezando por você. Se desejar conhecer os meus outros livros, entre em contato com a minha equipe:

Escreva para:

Padre Alberto

Caixa Postal 32

06850-970 - Itapecerica da Serra - SP

ou pelo ✆ (11) 4667-4353 e ✆ (11) 95771-2329
(de segunda a sexta-feira das 8 h às 18 h)

Conheça também o nosso *site*:
www.encontrocomcristo.com.br

Aponte seu celular para este QR CODE
e consulte nossos descontos